観の目

ベルクソン『物質と記憶』をめぐるエッセイ

渡仲幸利
Tonaka, Yukitoshi

観の目

ベルクソン『物質と記憶』をめぐるエッセイ

岩波書店

目次

「観の目」とぼく

高校在学中、デカルトが好きになった。岩波文庫の古い翻訳の『方法序説』をお守りみたいに机の上に置いていたものである。前からあこがれだった湯川秀樹の『物理講義』を読んだことが大きかった。そのなかで、湯川博士は、完成され整理された物理学を示さず、わざわざニュートンまでさかのぼってその発想を追体験して見せたのだった。本気で事実に対する眼力をみがきたかったら、最新の知識でなく創造の原点に帰ることのほうが大切だと、現代物理学の最先端に立ったひとが語っていたのである。

ぼくはそういう眼力が摑みたかった。それを摑めばすべてを摑むことになるような唯一のものを身につけたかった。湯川博士はニュートンの眼力にさかのぼったわけだが、ぼくはそのとき、ちょうど読みかじった、ニュートンの大先輩デカルトの眼力をしきりに思った。湯川博士がニュートンにさかのぼったように、ぼくはデカルトにさかのぼってものを考えてみようと思った。

それから数十年たつ。それでも、中心的な眼力の存在への思いだけは、いささかもゆるがないでいる。その存在から見たら、知識も名誉も飾りでしかない。じつはこれは非常に危険な革命である。しかしデカルトはこれを静かに成し遂げた。

デカルトは死活の問題しか考えなかった。かれがものを考えるさいに従っていた四つの規則なるものは、持って生まれたあたりまえの知力ひとつで世界を生きてみようとしたひとりの人間の決意そのものである。いつでも、かれが向かう問題はかれの全能力の実験の場と化し、どんな問題も結局、いかに生きるべきかの大問題に貫かれずにいなかった。そもそも学問とはそういうものでなかっただろうか。その古風な響きに立ち帰ってみれば、そこには、ものを学び考えることでこころを豊かにする、という目的が、滲み出ている。誤解されることをおそれずにいうなら、知識ではこころは豊かにならず、こころを豊かにするのは、ものなのである。自分で眼を働かさなくては摑めない「もの」なのである。

自然科学のすばらしいところは、事物そのものに関われるところだろう。たとえ、事物そのもののうちでも数式化が可能なわずかな部分に関われるにすぎないとしても。ものとの交わりの仕事で眼がきたえられ、養われ、いいかえれば、こころが育つ。自然観が得られるのである。むろん自然科学でなくてもそうあるべきで、眼が事実に養われてこころが豊かになる点で王道なのは、歴史の研究のほうかもしれない。つまり、歴史観が育つ。もっといえば、日々の小さなごく尋常な事実との直接な関わりのなかでぼくたちは生き、育ち、養われ、人生観を得るに到る。

見のがせないのは、いずれにしても、事実そのものと関わることによって、はじめて時間が存在することであって、事実と関わる時間が「観」の育つ場所にほかならないのである。「観る」訓練の時間の結実として、「観」が得られる。あたりまえである。でも、こういうあたりまえの時間だけが、たとえば『方法序説』を形づくっていて、そのことが妙に胸を打つのはなぜか。

日頃、惰性のままにあたかも目をつぶったまま生きている人間の思考と運動からは、このあたりまえの時間がすっぽり抜け落ちている。ぼくたちにはどうもそんな傾向がある。そこに気づいたのが、とりわけ、哲学者ベルクソンである。じつは、ぼくが「観」だとか「観る」だとかいっていたのは、みんな、このひとのいう「直観」から持ってきたことばであることを明かしておかなければならない。

どうやってベルクソンと出会ったかは、はっきりとおぼえている。高校卒業まぎわになって夢中になった小林秀雄の著書のなかでも、最初に読んだ『私の人生観』は、その核心がベルクソン論でできているといってよく、読んだその日から、ぼくのなかにはベルクソンという問題が住みつくようになった。いまでも、ぼくのなかのベルクソンには小林秀雄が絡みついている。

思えば、ベルクソンでもドストエフスキーでも本居宣長でも、すべて小林秀雄が教えてくれた。それらすべての共通項が、「観」なのである。ぼくはそう受け取っている。とりわけ「人生観」である。共通の思想を持ったひとたちだったという意味ではまったくない。かれらが、ものを「観る」というただそれだけのことを行なって、人間にとって最大の謎である「人生」を「観る」に到っていることが、ぼくを驚かせる。その重大な「直観」について、ベルクソンは、それは「精神の努力」であるといっている。「直観」という「努力」こそ、哲学の方法だという。かれは、ものと関わる時間こそ自分の方法であると、時間こそ精神の形であると、いってもよかったのである。

ものと関わることに要するこういう時間が、じつはこの列島の生活では、かつて、仏道や芸事などの修行ということのなかにちゃんと意識されて込められていたと思う。ワンレッスン一時間でいくらという計られる時間とは似て非なる時間、「観」が成熟する場所としての時間が、修行という時間だろう。それは、計られる時間に逆らって働く緊張感ともいえる。ずいぶん主観的な時間のことを話していると思われるかもしれない。けれども、ぼくたちはそういう時間しか経験できないし、既成の観念に立てこもらずに事実と交わろうとしたとたん、そういう時間へと放り出されずにいない。

物事は、ぼくたちの頭脳へ閉じ込めなければ、時間としてある。したがって、物事を本当に知ろうと思ったら、時間を摑まねばならず、それには、肉眼だけでは足りない。意識の全体的な緊張が必要となるからである。肉眼の裏に心眼を合わせ持たなければならない。たとえば、ことばを聞いて理解するには、聴覚がとらえたある単語の音の振動にアクセント付けをする身体の運動に合わせて、その単語を含むぼくの人生の全記憶が収斂されなければならない。じっさいベルクソンが、一番重要な著書『物質と記憶』でやろうとしたのは、このことの厳密極まる証明だった。ベルクソンは「直観」という「精神の努力」を自分の唯一の方法としたひとだったとさきほど書いたが、『物質と記憶』では、方法である「直観」自体が動機となっている。心眼を合わせ持たなければならない。このベルクソンの重大な指摘は、じつはぼくにとってたいへんなつかしいものでもあった。

その思い出は、さらに昔にさかのぼる。小学生のころ、武術に関心を持ち、武術家になりたいと考えていたものだった。きょうは拳闘があるぞ、と呼ぶ父と一緒に、ボクシングのタイトルマッチのテレビ中継に手に汗握った。一方、母は乱暴なものが一切きらいである。それで、自然に、こどものぼくは、格闘技は好きでも、武術家のとくに精神性のほうに惹かれるようになったのか。そのへんはよくわからない。その後、剣道も柔道も空手も習ったが、かじった程度で、つづけることはなかった。それよりも、富田常雄の『姿三四郎』を、吉川英治の『宮本武蔵』を、そして空手家の大山倍達《ますたつ》の著作を、小学校から高校にかけて、何度くりかえし読んだことだろう。

大山倍達の著作を、ぼくは、偉大なる自己実験家による書として読んだ。地名の偽りも、諸事情の韜晦も、まったく関係なかった。いまでもおぼえているのは、肉体的には自分は武蔵と並ぶところまで行ったが、武蔵まで残るあと一段が登れなかった、という大胆ともとれる発言である。なにを根拠にした発言か、と茶化すひともいるかもしれないけれど、ぼくはこういう大山の感覚を信じた。大山は、自分の動きは時間にして〇・〇二だが武蔵は〇・〇一だともいっていた。かれの著作は、手にはいるかぎり読んだ。手紙も書いた。

進むべき道についての相談だった。

驚いた。二、三日後、返事が届いた。人生岐路に当たって、お悩みのことと思います。学者の道を進むのがよいと思います。そう書かれていた。宮本武蔵先生は生死を分ける戦いに当たっては、見よう見ようとして目先のことにとらわれる「見の目」を弱く、そこを抜け出た「観の目」を強くして、うらやかに見ることを、いっています。そうも書かれていた。この岐路を、そして人生を、そういうこころがけで戦ってくださいというアドバイスだった。

「観の目」のことは、武蔵が「兵法三十五箇条」のなかの第六条に書いている。すでに読み、百も承知だった。「観の目強く、見の目弱く見るべし」。現代の武蔵からじかに聞けたと感じた。高校一年生のときの話である。これがベルクソンという哲学者のいう「直観」とむすびつこうなどとは、夢にも思わなかった。

ひとつはっきり思い出すことがある。大山倍達の著作を読んで、ぼくは徹底して合理的に行動するひとを感じていたことである。かれは神技や超能力のたぐいを一切語らなかった。かれの一生は、自分のきたえあげた肉体を使った強さの実験だった。両手の親指と人差し指だけで逆立ちができるようになったとき、かかってきた相手の刃物をはさんで握って止められた、という。怪しげなところは一切ない。そこまで人間の肉体はきたえられるものかと、目を見張っただけである。かれの文章の魅力も、そういう開かれたところにある。神技や超能力を批判するだけではない。宗教や哲学を駆使した精神論に立てこもることもしない。幅広く多量な読書と、みずからの肉体ひとつで行なった実験とに支えられた、すがすがしい文章である。

じつはそのころぼくは、こどものころには本好きだったにもかかわらず、大して本に関心が持てなくなっていた。本を書くようなおとなに対する思春期の反撥だったのかもしれない。デカルトと大山倍達以外はぜんぶにせものだ、ぐらいに思っていた。小林秀雄の『私の人生観』に、こころのすべてを引きさらわれるまでは。そういう時期に、なぜ小林秀雄を読もうとしたのだろう。

『私の人生観』を最初に選んだのは、たぶん、一番間口が広くてはいりやすいタイトルだったからだと思う。ひらいてみて、話題は極めて多様だが、どのことばにも血が通っていて、そういうことばでしかこの本が書かれていないことが、一目でぴんと来た。『私の人生観』の角川文庫版解説には、亀井勝一郎が、明治生まれの文士には、剣を筆に持ちかえた武人といったところがあるが、小林秀雄はまさにそういう文士なのだ、と書いている。人間が自分を試す人生の旅に出るということは、「観の目」の勝負をするということなのであった。ボクシングもあれば、剣術の道もあり、そして文章の道もある。すべてを貫いているのは、「観」の力なのである。

そんな小林が好んで引用するのがベルクソンだった。そのベルクソンこそ、「観」を唯一の武器として生きた哲学者なのだった。もちろん、ぼくがここまで断言できるようになったのは、つい最近になってのこと、いや、いまこうしてなんとか書いている最中のことなのかもしれない。わかった、といっても、わかるのにはいろいろな深さがある。かろうじて、いまわかっているぼくのレヴェルからふりかえると、こうもいえる、というところを再構成して話しているということをお断りしておく。

しかし、小林が好んで取り上げた人物のなかで、ランボーでも、ヴァレリーでもなく、ベルクソンを一番気に入って、何十年も読みつづけ、考えつづけているのは、ぼくの変わらぬ理解の姿にほかならない。文章の道で、ぼくも「観」をきたえようと思った。

大学生になってフランス語を習いはじめると、辞書を片手に毎日毎日、ベルクソンの文章と格闘した。PUFから出ている一冊千六百ページにもなる全著作とその他雑記との計二冊を読み終えるまでは、ベルクソンの本の邦訳など手にしない、という謎の誓いを立てて、守った。読むには読んで、読み終えた。が、フランス語ができなさすぎて、内容がまるで身につかず、もくもくと雲のように浮いている。そこで一番感動した『物質と記憶』だけを選び、これをくりかえし読んだら、いくらできないフランス語でも、さすがに頭にはいるのではないか、と考えた。こうなると、武道の稽古のようなものである。とうとう、夏の大学の図書館で、冷房が効きすぎたなか、両腕をさすりながら、三〇回目を読み終えた。それで内容は摑めたのかというと、なんとか形のようなものが見えてきたのはおぼえている。

当時、ぼくが通っていた慶應では、毎週、東大の佐藤正英先生が小林秀雄について講義をされていた。講義室をのぞいてみた。すると学生がだれもいない。教卓で先生がひとり本をひらいていらっしゃる。入口で棒立ちとなるぼくに、ほかに来そうにありませんから、外でコーヒーでも、と佐藤先生。だれも来ていないうえに、ぼくは失礼にも相当の遅刻をしていた。こうして、ぼくは、佐藤先生とじかにお話をする機会を得た。あとでわかったことだが、その年度は同じ曜日にもうひとりの佐藤教授が講義をされていて、お名前もなんと正の字まで同じだった。そちらの佐藤先生の休講のお知らせが、ちょうどその日、掲示板に貼り出されていたのだった。

さて、コーヒーの味も感じぬまま夢中で小林のことベルクソンのことを喋り立てたぼくに、先生は、小林秀雄のベルクソン論「感想」は読んだことがありますか、と問われた。いや、まだです、と口ごもりながらぼくは答えた。小林が好きで、しかもベルクソンを読んでいると話したくせに、なのにそれだけは読んでいないというのが、ぼくの返事の歯切れを悪くした。でも、読んでいないのにはちゃんと理由があった。

一九五八年から五年間、雑誌『新潮』に連載されて、中断されたままとなったこの「感想」は、晩年、小林が、出版社および親族に対し、上梓することも全集類に収録することも厳しく禁じたという、問題作だった。あとで時間をかけて手を入れたかったためか、それとも、もうベルクソン論の発表自体をやめたということなのか。いずれにしても、「感想」は読んでほしくない、ということになろう。そういわれて、読みたくなるひとも多いかもしれないが、ぼくは、ものぐさの性質のせいもあって、小林が読んでくれるなというなら、関心がなかった。読んではいけない、とまで考えていた。

そんなぼくに先生は、ベルクソンの原書もちょうどひととおり読んだのだから、そろそろ「感想」もどうか、とすすめてくださった。他のひとのどんなベルクソン論よりおもしろいから、ぜひ読むべきで、小林が出版を禁じたわけは、あなたがちゃんとこれを読むことで真にわかってあげたらいいのではないか、と。

翌週の慶應への出張講義に、先生は、大きく膨んだ真っ白な紙の手提げ袋をもって現われた。授業後、それをいただいた。コピーされた「感想」は、本三冊分はあろうかという重量だった。古い月刊誌を書庫から探し出し、それを五年分、ページを開いてはコピー機にかけるという作業は、けっして楽なものではない。それを受け取りにうかがうのでなく、先生に持ってきていただいたとは。いま思い出すと、自分の無頓着さがなさけなくなる。

こうしていただいた「感想」は、その端々に到るまで、円熟期の小林による名文で貫かれていて、ぐいぐいと読まされた。「感想」という作品に不備があるのでないことはもう明らかだった。小林が出版を禁じたわけは、もっと異なる次元にある。端的にいえば、『道徳と宗教の二源泉』以降のベルクソンの沈黙が描けなかったからである。

とはいえ、「感想」は、開口一番からベルクソンの沈黙をかかげて、真っすぐに書き進められている。ベルクソンの沈黙とはなにか。ベルクソンは、唯一の武器とした「直観」を実地で試し、育て上げ、世界観を、人生観を、深めた。とうとう見るべきものを観るに到ると、『道徳と宗教の二源泉』の最後のページを遺書ともいえる文章で締め括り、あとは沈黙した。小林流にいえば、ベルクソンはついに信仰を得て、もう哲学などとっととやめたのである。少しも神がかったところがない。まったくひとをあおるいいかたもない。自分の経験したことだけを厳格に積み上げて、「直観」がある深さへ達した。たぶん小林には、そのなにごとかがわかった。ベルクソンは、それについてもうなにも知らせることもないし、だれにも知られなくていい、という形で信仰を得たのだが、おそらく、そういう単純さの深さを痛いくらいに知ったのは、小林だけだった。

小林が『道徳と宗教の二源泉』を再読して激しくこころを揺さぶられたというのは、終戦の翌年である。他のもの書きが戦争の反省に忙しかったころ、小林にその暇はなかった。自分がそれまで読んで書いてきたものに対する読み直し、書き直しに打ち込んだ。まずは「ランボオⅢ」。そして、「「罪と罰」についてⅡ」、「「白痴」についてⅡ」。いずれも「観」が、「観」の行きつくところの信仰が、論じられることになる。いよいよベルクソン論「感想」の連載をスタートしたときには、終戦から一三年がたっていた。ところが、それから六年後の一九六四年、これを完成させるよりも「「白痴」についてⅡ」の書籍化のほうを、小林は選んだ。さらには晩年期のすべてをかけて、ベルクソン論かと見まごうような本居宣長論をついに書き上げたが、やっぱりベルクソン論自体はそのままとなった。

すでに触れたように、ベルクソンは『物質と記憶』で、肉眼に心眼を合わせ持たなければ本当は物を見ることは不可能だと証明する。それは、心的活動が脳の活動を超えていなければならないことをいうためのものであった。意識は身体を超えている。ということは、心眼は死後の生を観るに到る可能性がある、ということである。「観」がそこまでに達しえた決定的な書物が『物質と記憶』であったことを、『道徳と宗教の二源泉』の再読で再確認したとき、小林はかつてない感動に襲われたにちがいない。「おっかさん」が終戦の翌年に死んで以来、すべて経験してきたとおりだ、と。ただ、書けなかった。「童話を書く事に」でもしないかぎりは。あるいは逆に、ドストエフスキーの小説について書くとか、本居宣長のこころを書くとかいう、世間に対して差し出すなりの包装をしないかぎりは。

「『白痴』についてⅡ」で、小林が『白痴』から引用していることばが思い出される。

「ある種の話題があって、これを人前に持ち出すと、みんなぐあいの悪い気持ちになる。なぜだろう」。

つまり、小林が、ベルクソン論「感想」を完成させなかったのは、言語活動の本質がからみついた困難に突き当たったからであった。そして、そんなことになったのも、ぼくたちの存在の秘密に小林は当面したからである。

ぼくには想像することしかできないが、小林の心眼にははっきり見え、それが、小林に仕事を中断させたのだと思う。そこへ書き及ぼうとするその瞬間に違和感だけを残してすりぬけてしまうなにか絶対的ともいえる観を、きっと小林は感じていた。それをことばへと創造させてくれるような信仰の伝統や慣習が、この列島の生活のなかでは非常に入り組んだことになってしまっている。そういうふうに考えてもいい。根のない西欧化の苦しみを身をもって生きたドストエフスキーを論じた小林の仕事は、また「からごころ」の猛威のなかを生きるぼくたちのこころを見いだした宣長を論じた小林の仕事は、その事情と無関係なはずがない。そもそも、ことばは、自分の持ち物である以上に、はるかに社会の持ち物だから。

観とは、こうした困難が見えてくることをいう、とも考えられる。「自分の精通している道こそ最も困難な道だと悟った人」、という表現が『私の人生観』に出てくるが、この悟りこそ観だと小林はいうのだろう。小林ほどのことばへの「精通」にも、小林がぶちあたったほどの「困難」にも、遠くおよばないけれど、ぼくももの書きとして、自分の道がもっとも困難な道だと感じている。もの書きとしての成長は、文章観が育つかどうかだと思っている。いうは、たやすいが、これがやさしくない。

思えば、文章を書こうと決意したときから三〇年間ずっと、作家の古屋健三先生の、おだやかだが深く見透す不思議な眼を、意識せずに書いたことはない。先生は長年、慶應で近代フランス文学を講じてこられた。文学好きの友人が先生の書く批評を自分のことのように自慢していて、原稿を読んでもらうなら、あの先生に頼むといい、と教えてくれたのがきっかけだった。ぼくのどんなへたくそな支離滅裂な文章でも、先生はかならず本気で読んでくださった。読後感を数時間を費やして聞かせてくださったものである。

古屋先生は、辛辣というのとはちがう。だが、ぼくのどんな文章をも、この世に生れ出たからには、きっと意味があり、どんなにつたなくともこう書かれねばならないわけがある、というふうに先生が読解してくださるのを長時間うかがっているうちに、ぼくは文章を超えて、筆力が生まれてくるぼくのなかの芯の部分が丹念に批評されていくのを味わわなければならなかった。毎回、帰るときには、ぼろぼろになったボクサーの気分だった。一週間は安静が必要かと思った。

こういうことが、毎月一回、数年間行なわれた。すべて、ぼくが勝手に書いては先生に渡し、「読ませていただきましたよ」の声がかかるまで数日待って、研究室に押しかけたのだった。ストーカーみたいなものである。先生のお時間を奪って自分のしていたことが、自分で不気味でならない。いまでも、発表したものは欠かさず先生にお送りしているのだから、当時と大して変わっていないないか。いまでもぼくは文章がわからないのである。

いや、ますます文章というものが疑わしく見えてきた。こんな仕儀になったのも、文章については、一番真剣に取り組み、徹底して問いつめてきたから、と考えるしかない。本気で生きれば生きるほど、生きることの疑わしさは鋭い形となって襲ってくる。もう自分の人生がまるで思うようにならず、自分では手出しのできない確たる物に見えてくる。頭やことばでは解消し切れない頑とした存在の抵抗が露呈する。この激しく熱い観を、本質的な疑わしさとしか、ことばでは表現できない。あえていいかえるなら、苦しみ、だろうか。およそ苦しみとは、限度を越えて、問い、見つめつづけた証しである。人生の核心が、切実に問いつめる意識に抵抗して、あらわになるのである。このとき、ぼくは、どうすべきなのだろう。

ベルクソンは、ぼくたちが生きる理由は、自己による自己の創造をすることにある、といっている(「意識と生命」)。自分を自分に置きなおさなければならない、ともいっている(『意識に直接与えられたものについての試論』)。しかし、なによりも、それを行なうベルクソンの激しさに注意しなければならないだろう。『思考と動き』のイントロダクションの最後の部分に、こうある。わたしが真の哲学の方法に開眼したのは、ことばによる解決を投げ棄てた日である、と。ベルクソンは、最初の観の手ごたえに襲いかかられた日のことをいっているのである。耳も聞こえず口も利けない者のような苦しみのなかからはじめた、といっているのである。

こういうベルクソンの激しさは、あまり注意されていない。要するに、哲学など投げ棄てた、といって考えることを開始したひとなのに。一見、危険な思想の持ち主には見えない。その点、ベルクソンは、デカルトと非常によく似ている。デカルトは、書物による学問をまったくやめてしまって、世間という大きな書物を読む旅に出た。ふたりとも、まったく過激に見えないのは、内的革命を行なったひとたちだからである。ふたりとも、あらゆるものが頭で解消できない本質的な抵抗を見せるまで、時間を惜しまず見つめた。そのとき、観の目の働きは、内からさらに観の目を破る新しさのはてしない開花となった。

ぼくたち生命は、物質という海のなかを、本能と感情との嵐のなかを、溺れず、流されず、泳いでいかなければならない。もちろん、呑まれてしまえば、運び去られてしまえば、どんなにか楽だろう。肉眼があるのも、そういう快楽を得るためである。どうも生命は効率のいいほうへ向かいたがる。それもそのはず、生命は、この世へ生まれ落ちよう、生まれ落ちて物質の内部へはいりこもう、物質の内部へはいりこんで物質界へひろがろうとする働きである。生命は、物質の必然性のなかへ侵入していく。この世に存在するのには、この世のメカニズムにつきしたがうことが必要である。ぼくたちが物質世界での成功ばかり追っているとしても、肉眼がそう命ずるのだから無理もない。けれども、意識の、生命の、源泉とも呼ぶべきものは、そこにはない。

ソクラテスのいわゆる洞窟のなかの哲学者のように、苦しかろうと、物質の自動性へと軽快にくだる傾向を踏みとどまって、自分はどこから来たのか、ふりかえってみなければならないだろう。なにかが、自然へ生命を与えている。そうベルクソンは観た。それについていうべきところはすべて描きえた、と書いている。あとはぼくたちの観の目が試されている。ぼくたちの苦しみの意味も、きっとそこに明かされるだろう。

『物質と記憶』とぼく

ぼくたちが見ているものは、すべて意識のなかのものにすぎず、かりに、意識のなかにあるのでなく本当に存在しているものがあったとしても、意識のなかにいるぼくたちはそれをどうしても知りえない……、そういうふうな一見大胆な考えは、案外、だれの頭をも一度はよぎったことがあると思う。でも、ぼくたちの痛切な喜びも悲しみも、ぼくたちを取り巻くかけがえのない世界とともにあったはずで、ぼくたちは実体のない映像のなかに住んでいるのではない。ベルクソンはこう書いている。

「ぼくたちは対象そのものに身を置いて、そこで知覚しているのであって、ぼくたちの内部で知覚しているのではない」。

『物質と記憶』第一章の主題である。

これこそ、自分が生きているということの基礎にある信念を、表現していないだろうか。こんなに尋常な信念がほかにあるだろうか。こんなにストレートで、それゆえ衝撃的なことばは、ぼくにとってほかになかった。

いまでも『物質と記憶』を読み返すと、これでいいんだ、これでいいんだ、とぼくは膝を打ち、何度もうなずく。対象からの、たとえば視覚的なあるいは触覚的な刺激が、感覚神経を伝って脳に達して処理され、知覚像がつくられる、そういう説明をよく耳にするが、本当にそうなのか。げんに目の前でこちらを向いて問いかけてくる家族や恋人が、まさかいま見ているままにここにいるのでないなんて、じつは脳でつくりだされた知覚像だなんて、受け容れられるひとがいるだろうか。対象が知覚されるのはまさしく対象に身を置くことによる、とベルクソンがいうように、ぼくたちの意識は閉ざされてなどいないのである。けっきょく、これがぼくにとって『物質と記憶』のすべてだった。ぼくたちはものを見れば見るほどものへ深まることが可能なのである。ただひたすらこのことを証明しようとして、じつに『物質と記憶』全篇はできあがっていた。

ベルクソンが第一章を通していうのはつぎのような内容である。ぼくなりにまとめて書いておく。

知覚はぼくの頭のなかにではなく、まさにぼくの目の前にある。日常生活ではこれをなんというか。ものがある、というだろう。知覚とはすなわちものなのである。ところでものは、必然の法則にしたがわずにいないことを、ぼくたちは知っている。ものはすべて、どんなに細かな、またどんなにかなたに離れた部分どうしに到るまでも、たがいに作用し反応し合っているわけである。したがって、ものは本来、ぼくたちが見ているような、それぞれがひとかたまりの物体として閉じた形態で存在しているものとは異なり、いかなる輪郭も持たずたがいに連続し合っている、とも考えられる。いいかえれば、ものの世界は、呑み込み合う知覚の海のようなものである。ものそれぞれのあらゆる部分が、必然の反応によってたがいに解消し合い、中和し合い、本来、ものの姿は埋没しているのである。しかし、そういう、潜在的な知覚世界のただなかに、ぼくたちは身体を置いている。もし、物理学的に細部へ細部へと目を向ければ、この身体とて、外界からの影響にすっかり呑み込まれて埋没した存在となっていることだろう。けれども他方、身体というこの絶妙な機械の機能に注目するならば、ぼくたちは身体を置くことで、ものの世界の即座の必然の関係に待ったをかけていることがわかる。溶け合う潜在的な知覚世界のなかで、ぼくたちの身体の機能へと引き込まれるようなものの作用は、即座の反応によって解消されてしまうことを、まぬかれるのである。ぼくたちの神経を伝って、身体が行なう運動へと反応を引き延ばされうるものの作用は、潜在化をまぬかれ、その場でそのまま知覚として浮かび上がるのである。ということは、ぼくたちにとって知覚というのは、外界において、とくにぼくたちの行為を待っている部分のことだったといえるだろう。

だから、ぼくたちの行動を超えたものや、ぼくたちの行動にとってどうでもいいものは、もののなかに埋没したままとなる。じっさい、ベルクソンのあげている例でいえば、近くの景色はくっきりと浮き出ているが、遠くの景色はぼんやりと溶け込んでいる。近くのもののほどぼくたちの行動と強くむすびついているからである。ほかに思いつくところでは、たとえば、塵も空気も見えないし、はるかかなたの天体も見えない。特殊な装置を使えば、小さなものも遠くのものも見えるようになるが、それは、その装置が、ぼくたちの身体の機能を補って、ぼくたちの行動の可能性をひろげたからにほかならない。知覚範囲のひろがりは、ぼくたちの行動可能範囲のひろがりのことといっていいだろう。ならば逆に、いかなる装置によっても観測が原理的に不可能だとされている電子や光子のふるまいは、本質的に、取り出すことができない知覚だと考えられる。それでも観測しようとすれば、運動をやめたこれらの存在の痕跡がかろうじて一個、二個……と数えられるだけの知覚となって現われることになる。これは、ベルクソンがはっきり書いているわけではないが、『物質と記憶』のなかに暗示されている内容である。一九二九年、ハイゼンベルクとパウリによって「場の量子化」の理論が提出される。『物質と記憶』が出版されてから三三年後のことである。ベルクソンは物理学者を出し抜いていた、というべきか。

しかし、そこまで話を進めなくてもいい。そもそも、ものをどかせば、どかされたものの知覚がそこから消え、今度は、移動した先で知覚は待っている。このあたりまえの事実に驚くことのほうが、物理学者ベルクソンを見いだそうとするよりも、はるかに重大かもしれない。

知覚はぼくたちが外へ働きかけようとしているまさにその目標地点にあり、そこで待っている。知覚は脳のなかにあるのではない。だからこそ、ぼくたちは脳のなかに閉ざされることなく、じっさいに対象を見ることができる。対象が目の前にあるというのに、その映像をこしらえて、そちらのほうを見ているのだとしたら、ぜいたくな二度手間ではないか。なのに、なぜぼくたちはこのぜいたくな考えかたをしがちなのか。その原因は、脳という物質を特別あつかいすることにある。ぼくたちは、そうすることがあたりまえだと、つい思ってしまう。ベルクソンはこの通念と戦った。脳も他の物質と同様、行き交う作用の通過点に過ぎないはずである。ならば、脳が意識を生むのではない。そもそも意識を生む存在があると考えていることがまちがっていないか。ベルクソンにいわせれば、意識とは、ぼくたちを取り巻いているもののなかにあって埋没をまぬかれ浮かび出た知覚の総称だった。

ぼくにとって『物質と記憶』を読むことは、こうして、まさに目をひらかされる経験となった。ところがこの経験はまた、ぼくにとって、困難と真っ正面から向き合うことでもあったのである。じつはぼくは、学生時代、「脳」を「ことば」というふうに置き換えて『物質と記憶』を読んでいた。両者がまとわされた同じ誤解を、なんとかしなくてはならない、と考えた。脳はたんに、ぼくたちに与えられている知覚の世界のなかの一部分を占めているにすぎない。にもかかわらず、その脳が知覚像を生む器官だとしたら、どうなるか。生み出されたもののなかの部分が、それを含む全体を生んだ、ということになる。そんな、魔法の杖を一振りするような特権を、自然は許すわけがない。まったく同様に、ことばは対象を描写する働きをする存在だ、とすることは、ことばに非科学的特権を許すことにならないか。なぜなら、世界の一部として他の部分といっしょに存在するにすぎないことばが、同時に、他とは異なる存在であって、全体を生みなおそうとする、というのだから。

ことばは、話されれば空気の振動であり、書かれれば紙の上についた筋と染みにすぎない。こんなものを使って、なにかを表現できているということが、不思議である。この不思議さに目をつぶって、ことばを情報の容れ物だぐらいに思ってお喋りにかまけていることは、ことばがなにをしているかを見ないことになり、そしてことばが行為のひとつである以上、自分がなにをしているのかを見ないことになる。ぼくは、物書きになれるかどうかはここにかかっているという気で、考えに考えた。この不思議をなんとかしなければ、文章が書けない気がして、不思議の解明のために、書きに書いた。矛盾している。が、その矛盾にたえかねた息のつまるような文章ばかりを書き連ねた。

けっきょく、もう、書きたいことをただ書こうと思えるようになって、いまに到っているが、なにか大切な本当に書きたいことをはたして書いているのか、という胸のつかえは、忘れたつもりでも残っている。たしかに、いかに生きるべきかがわかってからやっと生きはじめるなどというひとはいない。まず生きるのである。よって、まず書くのである。わかったことを描写したり説明したりするような、ものの二重化のぜいたくを、断固として拒否したいのだから、なおさらそうすべきである。とはいえ、当時ぼくは書くことについて書きたかったのだし、ことばについてことばで表現したかったのだから、問題はこじれた。

脳が意識を入れる容器でないように、ことばも情報の容れ物なんかではない。ことばは説明の道具でも、描写の道具でもないのである。この世のある部分をわざわざ二重化するような、そんな無意味なことを、ことばはしていない。それどころか、こうしてことばを発するということは、この世に新しい存在を加える行為だといわなければならない。新たに存在を加えて、もしそれがなにかを表現しているとしたら、新たにことばを加えられたこの世が、それによってかすかでも組み立て直された、と見なければならない。なぜなら、ことばは、この世を描写する何物かなのでなく、この世を成す存在のなかのひとつなのだから。もっと正確には、こうもいえる。ことばを発するということは、この世に新しい行為を持ち込むことであると。これまでなかった新しい行為を持ち込むことは、その行為によってからめとって、新たなものを、知覚の海のなかから浮かび上がらせることだろう。ならば、そういうことばを使って書くとは、どうすべきことなのか。問題は、説明してみせることなのでなく、じっさいぼくが、どうすべきか、である。ぼくはなんのためにベルクソンについて書くのか。ベルクソンについて書きたいということは、いったいどういうことなのだろうか……。

解決はおそらく、自己批判によってしか訪れない。発見した説明など乗り越えなくては、ことばに、知覚に、閉ざされたままとなる。自己批判とは自己を深めることである。自己を深めることでしか、自己は自己を抜けられないから。これはベルクソンがしたことでもある。

『物質と記憶』全篇は、その強烈な発見を記した第一章に対するたえまない批判によって形成された、とぼくは見たい。自己を深め、自己を抜く。宮本武蔵の使った単語でいえば、まさに、「見の目」から「観の目」へと重心を移行するかのよう。いや、じっさい、『物質と記憶』はそういうつくりになっている。第二章は、どうしても見の目とともに観の目が存在しなければならないことが、つきつめられた事実、失語症の症例の分析によって論じられる。それを受け、第三章では、観の目そのものが論じられる。そして第四章は、いよいよ観の目によって第一章の世界を、つまりこの世界を見る試みである。

しかし、いずれにせよ、見ることが、世界の映像を頭のなかに思い浮かべることでなく、世界のなかで行動の可能性を開拓することであるかぎり、知覚が幻影でないという、このあたりまえの事実の大発見がまず必要だった。いまでは、ぼくは、こう考えている。見の目は、この知覚の野に、決まり切った行動しか見ないが、書くということは、この野で、ものに新しい輪郭を与えようと工夫する観の目の行為だと。

観の目

＊ベルクソンの著作からの引用は、すべて筆者自身の翻訳による。また引用の際、該当箇所を記すために、以下の各邦訳の頁数を添えた。
『物質と記憶』：熊野純彦訳、岩波書店（岩波文庫）、二〇一五年。
『思考と動き』：原章二訳、平凡社（平凡社ライブラリー）、二〇一三年。
『精神のエネルギー』：原章二訳、平凡社（平凡社ライブラリー）、二〇一二年。

第一章　ものを知るにはさまざまな深さがある

一　達人

むかしは、どの道にも達人がいた。仏道者、歌人、能楽師、仏師、絵師、町の各種の職人、それに武芸者、道にちがいはあれ、こういうひとたちの修行を貫通していたものは、空観ともいわれる直観の伝統だと思われる。小林秀雄が『私の人生観』のなかでいうように、空観とは、現実をさまざまに限定するさまざまな理解を空しくして、現実そのものをじかに観る心的努力をいう。この直観の伝統は、近代化にともなって、絶えてしまったのだろうか。

直観は、その性格上、けっして絶えたはずがない。なるほど表面上は失われたかもしれない。しかし、それによって直観は、ひとりひとりこれを生きて知るという、ものを知ることの地下水脈を流れることとなったのである。これはむしろ、直観のほんらいのありかたといってもいいのではないのか。

そもそも直観はひとりひとりの生きかたのうちに、ひとりひとりの自覚として現われてくるほかない。対人的なあわただしさ仰々しさに覆い隠されて潜んでいても、きわめて個人的な意識の緊張のなかに、直観は息を吹き返すのである。

したがって、いくら理解することのほうを重んじ、現実そのものと共鳴共感するという曖昧な態度のほうは抹殺したがると見える西洋の文明であっても、直観と無縁な文明だと考えるのはまちがっているだろう。かえって、直観をほんらいのすみかに追い込んでいるはずだと見ることが、やはりできる。直観の根を絶つことはできないのである。ほんとうにものを知ろうとするなら、ひとりひとりが直観によってものをつかむほかない。この一見あたりまえのことについて、少しもわかりきった話ではないよ、なんどでもこのことに自分を引きもどす必要があるんだよ、とぼくに教えてくれたのも、海のむこうで生きたデカルトであった。ベルクソンであった。

これは、なるほど伝統と出会うにしては奇妙な出会いかたではあった。けれど、ぼくには、自分のうちを通りぬけさせた伝統でなかったら、そんなものは、たとえどんなに住みなれた環境の伝統であろうとも、どこか不自由なおしきせに感じられる。

二　直観という方法

思えば、これまでの人生の半分以上の年月をかけてベルクソンを読んできた。まず好きになり、好きになったわけを確認するために読みつづけてきたようなものだが、ぼくにとってこのことは、ぼくをまず鷲摑みにしたたったひとつのものへとさかのぼりながらベルクソンという名の精神の働きをたどることだった。たったひとつのもの、ベルクソンのたったひとつのスタンス、といったらいいのだろうか。書くこと、考えること、生きること、すべてがそこから発する、そういうスタンス。たしかポール・ヴァレリーが、自分の思考の極意をこうたとえていた。大軍勢が相手であろうと、袋小路に連れ込んでしまい、そうして自分は行き止まりの塀を背にしてつねに一人だけを相手にする兵法だと。ぼくがベルクソンに感じるものも、そういった精神的スタンスにきわめて近い。

ベルクソンは直観を哲学の方法とした。よくそういわれているし、本人も、自分の仕事をふりかえった晩年の作『思考と動き』の序論のなかで、そう書いている。ただし、そういったすぐあとに、直観ということばを使うことには長いあいだためらった、と書き添えていることのほうが、はるかに重大なのである。ためらった理由がいろいろ説かれている。けれど、理由を書き連ねた最後の最後に、「自分が哲学の真の方法に目醒めたのは、ことばによる解決を投げ棄てた日であった」(一二二頁)と告白している。これが理由のすべてだろう。

ことばはぼくたちの共有財産であり、したがって、ことばはどうしても、ひとりひとりが試さなくてはならない直観の内にあるよりは、その外にある。直観はことばと相容れない。なかでも、直観ということばほど、直観を見えなくしてきたとばりは、ほかにないだろう。直観ということばを知っているということと、直観がわかるということとは、別である。直観という用語を口にすることでわかったつもりになってすまされてしまえば、じっさいに行なわなければならない観る工夫も努力も素通りされてしまう。直観を哲学の方法とした、とは、ベルクソンにとっては、努力を哲学へと取り返した、という意味合いにほかならない。

その意味では、修行をぬきにしては語れない空観に関する言辞は、直観という名よりもはるかにすぐれている。たとえば、悟りの彼岸に到るための六つの修行徳目である六波羅蜜の五番目、六番目は、直観といわず、禅定、智慧という。だいたい、観は勘とはちがうのだが、カンやらチョクやらの音が、直観を、努力ぬきの、気まぐれな思いつきのことだと思わせる。ベルクソンが使ったフランス語のアンチュイション(intuition)も事情は同じのようで、もともとアンチュイションは外からではなく内から対象を見ることをいうらしいが、ベルクソンが悩んだところをみると、やはりかの国でも、直観といえば、客観的に分析する知的努力を欠いた、ひとりよがりなひらめきが連想されずにいないのだろう。たしかに、直観は、経験を抽象化しないし、抽象化するための足場ももたない。直観は、経験を目的があり計算が効く対象と見るような視点をもたない。経験をそのまま深めて純化するのが、直観なのだから。

ほんとうに大事な物事だったら、ぼくたちはそれをじろじろ観察などしない。肝腎な物事は、だれでも、時間をかけて世の中に生きてみて納得している。ということは、こういうことにならないだろうか。現実そのものをじかに観ようとする直観の努力は、生きる意志とひとつだということに。といっても、直観が、世の中をじょうずに生きることの役に立つわけではない。かえって直観は、生きることを困難にするだろう。人生を目的があり計算が効く対象と見る視点を、直観は解体する。これが空観であり、その行き着くところを、仏教では、一切皆空といい、そう見る主体もまた空にすぎないという。もう人間には取りつく島もない。では、そんな無常な世界を観てしまったブッダが、それでも人として現世を生きたのはなぜだろう。だれにも答えられない。けれど、こんなふうにいいかえることなら可能である。ブッダが生きた理由は、人間を、あらゆる物事を、対象化して観察しているかぎり取り逃がすことになる真実ななにかにあったのではないだろうか。一歩進めていうなら、そこに現われる無常が、空が、縁起の法が、ぼくの生きる意志の化身なのである。これについては、このエッセイの最後の部分で、正面から論じなければならない。ともかく、生きる理由というものは、どう考えようと、概念やら、頭脳が組み立てる因果関係やらとは別物だろう。因果関係など設計図にすぎない。経験のための設計図？　人生の設計図？　そういうものにぼくの意志が強烈に抵抗するから、非人間的なとまでいっていい無常は、空は、現われる。この生きづらい人生こそが人生だ、といっていい。じょうずな生きかた、便利な見かたなど、生きる手間を省いているだけ、見る手間を嫌っているだけなのである。

ソクラテスが世の中をうまく生きたといえるだろうか。

三 「汝自身を知れ」

哲学者というのは、頭でっかちの人間で、世の中が見えていない、そのせいで行動がどこかおかしくなっているんだ、と考えるひとも多いと思う。たしかに、ソクラテスは理性の活動を至上のものと見た。それ以外のことには無頓着なようだった。貧乏で、はだしで繁華街をうろつき、そして評判の高い知識人と出くわすと、すすんでなのかいやいやなのか、問答にひっぱりこまれて加わって、知識人を執拗に問いつめては、怒らせ、殴られ、家では家で、嘆く妻に頭から水を浴びせられた。権力者からも市民からも怪しまれ、目のかたきにされ、それでもかれは無頓着で、とうとう法廷に到っても自己弁護をしようとせず、すすんで死刑の判決を受けた。かれは始終、理屈一辺倒で暴走していたのだろうか。ちがう。いかなるときであろうとも、暴走しなかった。かれは、かれがダイモンの声と呼んだ直観の声を、聞きのがしたことがなかった。いざというとき、かれの理性は、かならずこの直観の声に律せられたのである。かれにとってこれを聞くとは、これにしたがうことであり、すでに行なうことだった。聞いたのに、知ったのに、それを行なわないなど、かれは知識と認めなかった。善いとわかってそれを行なわないなど、いかなる事情があろうと、それはほんとうはわかっていないということだと見た。こんなに厳しいことをいったひとはいない。なるほど、道徳をも知識の一種と見たわけであって、こんなに理性を高い地位においてしまったひとなど、かれ以前にもかれ以後にもいない。善いこととわかっていてもそれをさぼってしまう。悪いこととわかっていてもそれをやめられない。それが人間ではないか。ところがソクラテスは、そんな生きた人間らしさを理解しないかのようなのである。かれはひたすら精神の論理的機能を駆使しているかのように見える。けれどもまた、これほどまでに知ることと考えることの根が、深く、一個の魂のなかでとらえなおされたことはなかった。「汝自身を知れ」。かれにかれの道を歩ませたアポロンの神託はあまりに有名だが、有名だからといって、このことばの意味はけっしてやさしくないとぼくは思う。プラトンの対話篇ほど、人間の奇怪さ、愚かさを見つめた書物もない。これはそのままソクラテスが身を据えなければならなかった土壌である。プラトンがなにをどう創作したにせよ、絶対に動かせないソクラテスの姿が写されていて、それはだれが読もうと感じられる。

およそ人間のなかには、異様さ、醜さが秘められていて、しかも対人関係となると、だれのものとも知れずそれらが外へ現われ出て、欲動とか集団心理とかいわれる物的な必然性をなす。プラトンはそのさまを見つめて目をそらさない。そらせなかったのである。これが、プラトンがものを書いた動機である。ソクラテスが、なにがあっても問答をやめることのなかった場が、そこにある。この場所の外に身をおき、人間である自分を棚に上げながら理性的に考えるなら簡単だろう。それに対し、理性の道を行きながら、自分の住む場を片時も忘れないというのは、どんなに不安定で危険な道だったことだろう。しかし、自分にじかなものはここにしかない。理性によって考えさせられるのも、感情や集団心理によって引きずりまわされるのも、じつはまったく同じことであって、ほんとうは、人間はそういうすべて醜さでできた怪獣なのである。そうであれば、アポロンの神託は、つねに理性の暴走を律してくれたダイモンの声と、はたして別物だったろうか。「汝自身を知れ」。ぼくには、このことばと、そしてソクラテスがいついかなるときも考えさせられるのでなくみずから考えることを唯一の武器としていたこととが、無関係だとは思えない。「直観を哲学の方法とした」ひとであるベルクソンは、ソクラテスの血脈を継いでいるといえる。

ほんとうに知るとは、頭で理解することではない。身をもって納得することであり、身をもって行なうことである。どんなにソクラテスが精神の論理的機能を駆使していたにせよ、そのよりどころとなっていたのは、なにか理性を脱却したものだった。かれが理性一辺倒だったなら、プラトンの対話篇はどうなっていただろうか。ずいぶん薄っぺらな文章となっていたことだろう。ソクラテスを評してベルクソンは、「ギリシャの精神とぴったたり合っているとはいいがたい」(『道徳と宗教の二源泉』)といい、アランは、「ソクラテスとプラトンのあいだには相反するものの衝突があった」(『プラトンに関する一一章』)という。人間精神のそのような相反する働きの融合によって生まれた作品だという点で、プラトンの対話篇にはベルクソンの『物質と記憶』の構造と通ずるところがある。だから、いま少しソクラテスにこだわってみよう。

四　相反するソクラテスとプラトン

アランもいっていたが、プラトンの対話篇は二色のインクで書かれているかのようである。それぞれの色で書かれた文章が、対位法によって編み上げられているように見える。読むと、プラトンの弁証法と、それに相反するソクラテスの魂とが、怪しくからみあうのである。いいかえると、対話篇の登場人物たるソクラテスの魂が、これと相反するプラトンの弁証法につつまれることで、雲散霧消することなく保存されて現代に到ったのである。バフチンの『ドストエフスキーの詩学』の力なのだろうか、それとも、これを読まずにただその評判に飛びついたひとたちのおかげだろうか、たがいに独立している声が織りなす対話(ダイアローグ)がもちあげられるようになって久しい。一方、他者をもたずにひとつの主体が完結した思想を展開するという独り言(モノローグ)のほうは、はなはだ評判がよろしくない。このわけかたでいうと、プラトンの対話篇は、対話とは名ばかりの、典型的なモノローグ型作品ということになるのかもしれない。市民の罵声が聞こえてくる『ソクラテスの弁明』はともかくとして、『国家』など、対話の相手がいてもいなくてもいっしょで、相手はソクラテスの意見に相槌を打っているだけである。まさに、ひとつの思想を展開する体系的哲学のモデルであって、それは、近代という建築物を打破して他者へ開かれた世界をつくっていかなければならない現代人にとって、ありがたみのない書物となってしまったわけである。が、そういう理解のしかたに抵抗するなにかがある。プラトンの文章の形は、分析を拒絶したそのなにかによって生きている。分析するよりもただ耳をすませば、モノローグのなかに口をあけた真っ暗な穴が聴き分けられないだろうか。

ソクラテスは自分という概念やら自分の性格やらを現わそうとしているのでない。一貫して自分を現わそうとする。一貫して自分という力を働かせようとする。そのため自分のもつ知る力に立ちもどろうとし、そうすればするほど、かれは時とばあいに緊密に応じ、したがってかれは、あれこれの姿を現わさなければならなくなる。現われたのは、豪快な酒飲みであったり、美少年を追いまわす恋人であったり、寒さも飢えも感じない節くれ立った四肢をもつ頑強な男だったり、あの世を語る風変わりな詩人だったりした。なによりも、問答のことば、あの議論が、じつはすでにいろんな顔の現われである。ひたすら見事に論理関係に忠実だったかと思うと、ただ相手を矛盾におとしいれるためにへんてこな理屈をもちだしたりする。そして、ときに仮面を捨て去ったかのように、肺腑の言をそっと添えたりする。これとて現われた姿である以上、けっきょく仮面にちがいない。仮面しかないのである、ソクラテスの奥底を整えているものは。こうした表面によって、ソクラテスというひとつの謎は、世間とつながりをもつ。

こういうものこそがポリフォニーだと、グレン・グールドなら呼んだだろう。ポリフォニーにおいては、その各声部は、たとえまったく同じメロディーを奏でていようとも、たとえぴったりと和声を響かせていようとも、それらはたがいにどうしても反撥し合うなにかをもっていて、それぞれが独自の道を行こうとする。そういう不思議な強さによってポリフォニーは生きている。それでもポリフォニーがばらばらのでたらめにならず、ひとつの音楽たりえている理由は、それはおそらく、各声部がそれぞれ自立した歌たりえているこの深い理由と同じであるにちがいない。調和してひとつの音楽を鳴らしえていればいるほど、各声部のあいだに響く差異は鋭い。各声部へほどけていくフーガの運動を耳が追うほど、バッハの音楽はごつごつとした奇跡の統一を分厚く現わす。ポリフォニーの中心にあるものは、音となっては現われない。すべてが音であるその世界のなかで、音となって現われないそれは、ひとつの耳と呼ぶべきものだろうか。調和し合う各声部がもつ、なにものにも回収されることがない反撥力によってだけ、その耳は現われた音とのつながりをもつかのようである。グールドが信じたのは、きっと、そういう耳である。

そしてこれこそ、ベルクソンが研究した記憶に属する存在なのである。同じメロディーが、同じ姿が、同じことばが、異なって響くのも、それらに対して斥力をおよぼす耳の存在の深さのちがいによる。けっして音になれないものは、外に出されて表現された音に対して、なにかちがうと感じつづけるものだろう。ポリフォニーを生じさせるのはなんらかの存在の深さなのである。

ものを知るのにはさまざまな深さがある。『物質と記憶』の核をなすこの考えは、かれの処女作『意識に直接与えられたものについての試論』に帰ってみれば、つぎのような考えに引きもどせる。自己が、他者が、ただの死んだ知識でないのなら、他者は自己の奥底にあるのであって、観察したり分析したりすることなどできない強くて自由な形で生きている。どんな存在であれ、対象化を固く拒んだなにかをもつ。しかし、このことに気づくのは、自己の奥底で物事を経験するときでしかない。物事を表面的に処理してしまえず、自己が奥底から震撼させられるときでしかない。自己だけが、人間に直接経験しうるものだからである。あらゆる存在は、直接には、こころがする経験として与えられるよりほかはない。この、ベルクソンの最初の動機ともいうべき考えを、ぼくはこういいかえてみたい。あらゆる存在は、直接には、イデアとして経験されるよりほかはない、と。というわけで、もうちょっとソクラテスに立ち入ってみたい。ベルクソンがかれからなにを受けとったかを見ておきたいからである。

五　ソクラテス色のイデア論

プラトンの対話篇があたかも二色のインクで書かれているように、ぼくは、そのイデア論にも、プラトン色以外にもう一色、ソクラテス色で書き込まれたイデア論のこころとでもいうべきものを読まなくてはいけないと思う。イデア論は評判が悪い。ハイデガーや、ポストモダンの思想家たちから、現代人が反省すべき近代的なものの考えかたの元凶だとまでいわれている。形ばかりの対話であること以上に、イデア論こそ、世界を理性の内に閉ざす考えかたそのものだというのだろう。でもぼくは、イデアを、閉ざされた思考からの出口として、合理的な認識を拒絶して生きる物事それぞれの魂として、受けとりたいのである。

『パイドン』は、プラトンがイデア論を展開した最初の作品のひとつといわれている。そこでは、1に1を加えることによって2を得られるという理解のしかたが、批判されている。いったい、なにがだめだというのだろう。そこでなされている議論は、ぼくにとっては異様に気になるものだった。たとえばそこでソクラテスが説明しているが、なにか美しいものがあるとして、それが美しいのはそれが美そのものを、美のイデアを分有しているることによるのだ、という議論は、ぼくには納得が行かなかった。つづけてソクラテスは、大そのものによって、大きいものは大きく、小そのものによって、小さいものは小さい、ともいう。あるひとが別のひとより頭ひとつぶんだけ大きい、というぼくたちの日常的ないいかたがまちがっているといって、ソクラテスは抗議しているのである。もしも頭ひとつによってあるひとがより大きかったりより小さかったりするのなら、同じ頭が大きさと小ささとの両方の原因だということになるし、それに、頭は小さなものであるのに、その小によって大きなひとが大きいということにもなる。これは奇妙なことではないか、ソクラテスは友人ケベスにそう問う。ケベスは笑いながら相槌を打つ。ところでこれが、死刑当日のソクラテスと、最期にそこにつどった仲間たちとの獄中での会話だということを思い出しておくのも、むだでないと思う。

さて、それではどうだろうか、とソクラテスは大小の話をこう問いなおす。そうであれば10は8より2だけ多いというのも、奇妙ないいかたであることがわからないだろうか。多いということは多そのものによるのであって、2などという原因によって多いのではない。ばかばかしい屁理屈のようだが、いま、ソクラテスはすさまじいことをいっている。1が1に足されるとき、この足すことが2が生ずる原因である、とか、1が割られるとき、この分割することが2が生ずる原因である、とか、そういう、だれも疑いを差しはさめなかった、いや、差しはさもうともしなかった必然の論理に、正面からはっきりと、それはちがうといっているのである。かれはおそらくこういいたい。2が生ずることの原因は、2そのものを、2という本質を分有することにあるのであって、それ以外に原因はない。2になろうとするものは2そのものを分有しなければならず、1になろうとするものは1

そのものを分有しなければならない。足すこととか割ることとかを2の原因と答えるのは、賢いひとたちにまかせておくことにして、わたしは最期ぐらい本気で2をつかんでみる。たったそれだけのことさえ、わたしたちは自分の力で行なうことをおこたっているのだから、と。

イデアは、物事それぞれの魂ともいうべきものだろう。それらは、合理的な認識を拒絶して生きている。イデア論というものの動機は、合理的な認識を越えたそれら魂を観ることにあったはずである。観るには、論理的な頭脳の動きとはまったく別の心的努力が必要となる。驚くべきことに、数の認識においてさえ、そうなのである。ぼくは『パイドン』のこの一見奇妙な議論が気になってしかたなかったといったが、それは、イデア論にこめられたソクラテスの魂が、ものを知ろうとするこころの働きが、ぼくのなかの忘れはてていた働きをつついてきたからだったのかもしれない。1足す1という論理だけでは、2は得られはしない。2という、1とはまったく異質な数を、精神が発見するのである。そうしないかぎり、ほんとうには2は得られない。論理は2を説明するだけである。説明であるかぎりにおいて、1足す1は2、は正しい。しかし、足し算、割り算などの論理を借用するようになることは、もはや数を観る努力をかえりみなくなることだろう。1を観る努力を、2を観る努力を打ち棄てたまま、おとなたちは1を、2を、知ったつもりでいる。つもりでなしに知るためには、2そのものを観なければならない。イデアとは、直観のことであり、こころの工夫をへて観えてくるものの姿だったのである。ぼくは、美のイデアという理屈に、頭でっかちな哲学者のこじつけを読んで笑っていた自分を反省した。あべこべだった。ソクラテスは、美は頭ではわからない、じかに、あるいは時間をかけて味わうことが、観て観て観ぬくことが先決だ、と考えていただけなのである。

イデア論はプラトンがソクラテスから引き継いだ思想ではなく、プラトン独自の思想であり、それを対話篇のなかのソクラテスに語らせているだけだ、とよくいわれる。けれども、くりかえしになるが、プラトンの対話篇があたかも二色のインクで書かれている対位法的作品であるように、イデア論にも、耳をすませば、いわゆるイデア論とは別に、それと拮抗してソクラテスの直観としてのイデアが、力強く響いている。それは、ぼくにはこんなふうに聞こえる。1足す1が2、でいいなら、計算機でよく、魂などいらないではないか、と。

『パイドン』には、それがうかがえる絶好の箇所がある。ソクラテスはそこで、理性主義者の論理に乗っかってみせ、論理が転覆していくさまを示そうとしている。長くなるが引用してみる。

まず、いまここに僕が座っていることの原因について言えばこんなことになる。僕の身体は骨と腱から形づくられており、骨は固くて相互に分離していながら関節でつながっている。腱は伸び縮みできて、肉や皮膚とともに骨を包み、皮膚がこれらすべてのものを一つのものにまとめている。そこで、骨は関節の中で自由に揺れ動くのだから、腱が伸びたり縮んだりすることによって、僕はいま脚を折り曲げることができるのであり、この原因によって僕はここで脚を折り曲げて座っているのである、と。さらにまた、君たちといま対話していることについても、かれ〔理性主義者〕は他の同じような原因を語ることだろう。音声とか、空気とか、聴覚とか、その他無数のそのようなことを原因として持ち出して、本当の原因を語ることをなおざりにするのである。

だが、本当の原因とは次のことである。アテナイ人たちが僕に有罪の判決をくだすことをより善いと思ったこと、それ故に僕もまたここに座っているのをより善いと思ったこと、そして、かれらがどんな刑罰を命ずるにせよ留まってそれを受けるのがより正しいと思ったこと、このことなのである。なぜなら、誓って言うが、もしも僕が、国の命ずる刑罰ならばどんなものでも受けることの方が逃亡したり脱走したりすることよりもより正しくより美しい、と考えなかったとしたならば、こんな腱や骨などは、思うに、最善についての判断に運ばれて、とうの昔にメガラかボイオティアあたりに行っていたことだろうからね。

いや、こういう種類のものを原因と呼ぶのはまったく見当違いなのだ。

（岩田靖夫訳、〔 〕内は渡仲）

アランのプロポの一節かと見紛うばかりの調子である。それどころか、ベルクソンが書いたものではないか、とぼくはいいたくなる。おそろしいほどぴったりと、『物質と記憶』のテーマと一致しているのである。テーマと、というより、モチーフと、といったほうがいいだろうか。『物質と記憶』を貫くたったひとつのなにかを、このソクラテスのことばが照らし出してくれている。1足す1は2、ではなにがわかったことにもならない、とこでもソクラテスはいいたいのである。現代人はこういうばあい、腱や骨などといわず、脳といい、遺伝子ということだろう。しかし、やはりそんなものはソクラテスの最期のこころをつくる原因になれない。1が2をつくる原因になれないように。

六　虫の知らせ

さきほども書いたように、ぼくは『物質と記憶』を長年愛読している。これほど『物質と記憶』に惹かれるわけはなんだろうか。思うにそれは、この作品において、まさに脳からはつくれない魂が、脳にはその原因となれない魂が目指されているからである。つまり、そこに哲学の大問題である「こころとからだの関係」が論じられているからではなく、ベルクソンの透明であり正確であると見える文章の裏に、つねにかれの鋭くかつ粘り強い直観が働いているからである。ものをほんとうに知りたければ、直観を、すなわち精神の努力を要する。けっきょくのところ、ぼくはそういう努力にしか関心がない。

精神の努力はじっさいに行なってみればじつに微妙なもので、それは経験から離れまいとする努力といってもいいし、経験に耐える努力といってもいい。これは、知覚を深める芸術家の努力といってもいいだろうし、心眼を研き鍛える武芸者の努力ともいえよう。いずれにせよ、おそらく現代人にはもっとも苦手な努力だということは、まちがいない。ベルクソンが一九一三年にロンドンの心霊学協会に呼ばれて行なった講演がある。そこでは、現代人が慣れ親しんでいて、よもやおかしいなどとは頭の片隅でも思わなくなった考えかたが、ストレートに問いなおされている。『物質と記憶』の完成から一五年の思索をへて、その思想はもう誤解をおそれず単純な事例によって語られる（『精神のエネルギー』一〇四頁）。

ベルクソンいわく、それはある大きな学会に出席したときの話だった。そこには高名なお医者さんも出席していて、どういうわけだったか、話題は超能力におよんだ。そのとき、その医者がこんな話をした。ある御婦人から聞いたのだが、その御婦人は第一次世界大戦で、士官だった夫を亡くした。遠い激戦地で戦死したのだが、彼女は、遠く離れた自宅にいて、それを知ったのだという。彼女はまぼろしに襲われ、夫が塹壕に横たわっている光景を見た。夫は仲間の兵士たちにのぞきこまれていた。あとで確かめると、夫が亡くなったのは彼女がまぼろしを見たちょうどその時刻であり、そのときのようすも、まさに彼女が見たとおりであった。

この話について、医者はこう語ったという。この御婦人は立派な方で、けっして嘘などつかれるような方でないとわたしは知っている。しかし、困ったことに、虫の知らせを聞いたというひとはほかにもたくさんいて、そのほとんどはハズレている。もしも御婦人がほんとうに夫の最期を見たとするなら、このハズレたほうの虫の知らせをどう考えたらいいのか。どうして、ハズレたほうの例を差しおいて、アタリのほうの例ばかりに気を奪われ、ほんとうに最期のさまを目のあたりにすることが可能だなどと結論したがるのか。超能力など存在しないのですよ。すると、医者の話に耳を傾けていた若い女性が、ベルクソンの耳元で、こういったという。「お医者さまのいまの論理はまちがっていると思います。どこがまちがっているのかわかりませんが、きっと、どこかまちがっています」。ベルクソンは、この若い娘さんが正しく、大先生がまちがっている、と躊躇なくいってのけている。

夫を亡くした御婦人にしてみれば、夫の最期の光景のまぼろしをあまりに生々しく見た驚きを語ったにちがいないのであって、自分はありのままを見てしまった、と告白したのである。そういう奇跡が起きた、と告げているのであって、じっさいに起こったそれが学者のいうアタリ、ハズレの、アタリに分類されるだとか、自分の経験が超能力の存在を裏づけているかいないかだとかは、この婦人にすれば、まったくピントがはずれているのである。ところが医者のほうの理屈では、はなからすべてがデータである。かれにとって、一般にハズレのまぼろしがある以上、彼女の見たまぼろしも同種のものであり、たんに、たまたまアタリだったのである。じっさい、たまたまだとしよう。たまたまだったからこそ、彼女にとって経験が型に納まらず、中身をむきだしにしたのだが、学者の思考という型にとっては、そこに納まらない経験の中身のほうはとるに値しないのである。しかしこれは、ぼくたちのものの考えかたを端的に示していないだろうか。若い娘さんもいっているように、その考えかたのどこがまちがっているのかを説明することすら、困難なくらいなのである。

ベルクソンはつぎのようにコメントしている。近代科学の特長は、経験科学であることだといわれている。ならば、近代科学は、観察と経験のすべてを受け容れていそうなものだが、そのじつ、経験の領域を極端にせばめることによって成り立っている。経験科学だというくせに、近代科学は経験の拡大深化を目指そうとはしない。もちろん、近代科学が経験的な方法を編み出したというのはたしかだけれど、その方法の力強さは、経験の深さによるのではない。古代人のほうが多くのことを観察していたし、また多くの実験もした。古代人が物事を観る力は、知らぬまに科学的方法に慣らされたわたしたちより、はるかにすぐれていたのかもしれない。そこがまさに、近代科学の経験的方法の力強さの代償なのである。つまり、近代科学は、すでに人間が行なってきた観察と実験から、その手つづきだけを取り上げたといえる。めいめいが観察眼を育て上げる努力をし、鍛え上げる手間をかけるよりも、観察の手つづきを極度に縮小し、数量を比較することだけに集中したのだった。そうすれば、観察に目の努力を必要としない。ベルクソンはさらにつづける――。

いまの御婦人の話にしても、医者は、御婦人が語るその具体的でありありとした光景の叙述を、すかさず、そのまぼろしはアタリだった、と内容がぬけたいいかたによって置き換えた。こうして抽象への移行をはたしてしまうと、わたしたちはアタリだったばあいの数とハズレだったばあいの数を、比較しなければならなくなる。数がそうさせるから。そうすればわたしたちはアタリのばあいよりハズレのばあいのほうが多いことを思い知ることになる。そして、お医者さまのいうとおり、ということになろう。

この医者の思考などは、かんたんな一例にすぎない。けれど、近代科学が目指す計量がなんであるかは、そこにくっきり現われているとベルクソンは見た。近代科学は、「変化する大きさどうしの恒常的関係」(『精神のエネルギー』一〇九頁)を求めている。

しかし、精神的なものの本質はどこにあるかというと、計量できない、という点にあるだろう。ということは、科学は精神を見るかわりに、肉体的、物質的現象を見ることに終始する、ということになる。それが、見えない精神を見るぼくたちのごくふつうのやり口でもあり、じっさい、数々の心身論が案出されたことからみても、近代科学の最初の動きは、計量不可能な精神現象を、計量可能な現象によって置き換えようとすることだったと考えられる。もともとぼくたちは自身の経験から、意識が肉体と関係していることを痛感している。からだが落ち着いた状態を保てず、呼吸が乱れる。こういう肉体の状態を解釈して、ぼくたちは不安と呼ぶ。血圧が下がったり上がったりし、からだの自由が利かず、目の前がくらくらする。こういう肉体の状態を解釈して、これをぼくは怒りと呼ぶ。ところで、からだを支配している器官はなんだろう。つねに知覚や身体運動の中心にあると感知されるからなのか、聞き知った知識にすぎないのか、いったいどうして知ったかはともかく、ぼくたちは、からだを支配しているのが脳であることをよく知っている。とすれば、意識は脳と関係しているはずである。そこで、近代科学は脳にこだわった。いや、まったく、こだわりすぎた。脳の本性については、現在もなお不明である。けれど、近代科学は、脳の機能もけっきょくは原子や分子の運動に、つまり物理現象に分解できるはずであるとして、それを研究することでもってこころの動きを説明してしまおうという方向に邁進した。脳内の運動によって、こころを置き換えうるとしたのである。ということは、置き換えてしまって、こころをそっちのけにしたということでもある。現在にいたるまでそれはかわらない。科学者にしてみれば、こころのなかのたしかな部分、実証的部分が脳なのであって、脳をとりあげることはこころを対象とすることだったのだろう。科学者にとって、脳とこころは同等なのである。この同等性は、科学の形而上学ともいうべきもので、これに抵触するものを科学はどうしても遠ざけたがる。あの御婦人の経験に対する医者の反応が、まさにそれだったわけである。

七　事実に耐えるベルクソン

ベルクソンは、精神は脳を大きくはみだしている、と明言する。これが、科学にとっては気に食わない。けれど、精神の活動として、具体的にたとえば記憶について考えてみても、科学者がお得意の、記憶を脳の機能とみなす学説では、脳病理学の支持を当てにすることすらできないと思われる。ベルクソンは、脳をめぐるあらゆる事実が、あらゆる推論が、脳を、感覚と運動とを媒介するものだと、ただそれだけだと示しているのに気づき、そこを丹念に調べた。そして、脳は、記憶という存在に働きかけうるが、記憶をたくわえたり、ましてや記憶を生み出したりはしない、と結論する。ここで、はっきりさせておこう。『意識に直接与えられたものについての試論』では、かれは、物事とその説明とを同一視して疑わない頑固な思い込みを突き崩そうとした。そして『物質と記憶』では、思考を脳の働きだとするいっそう頑固な思い込みを突き崩そうとしているのである。

ただし、これを論じるベルクソンの筆致は精緻をきわめる。それは、かれの全著作のなかでも際立っていて、論理がそのまま、慎重かつ大胆な織物を形成している。病理学の厖大な資料のなかの細部を泳ぎながらも、ベルクソンは溺れない。かれは記憶という存在の手ごたえを見失わない。それは、近代科学の最大のテーマである精神と身体の関係論を研究しようなどと、ほんとうは思っていないからである。このいいかたは誤解を招くかもしれない。ベルクソンのした心身論に関する研究がいいかげんだといっているのではない。哲学者をやっていて、哲学には心身論という最大の問題があるから、とうぜんのようにこれに取り組まなければならないと意欲する、お勉強熱心な哲学者とは、かれはほど遠いのであって、ぼくはそのことをいいたいのだが、どう表現したらいいだろう。動機といったらいいのだろうか。かれのばあい、哲学をやる動機が、いわゆる学者たちとくらべ、はるかに単純なのである。ほんとうに知りたい。こころから納得したい。なにを？　少なくとも、心身論をではない。日常生活において、だれもが知ったつもりですごしているあれやこれやを、である。哲学者が難問に立ち向かったという以上に、日々を生きる者が人生の意識化というあえて困難な生きかたを生きたという点が重要なのである。ほんとうに知りたい。こころから納得したい。これは、かれがかれの哲学の方法を見つけた日に、かれがかれの哲学に打ち込んだ楔だった。その効き目が精神と身体の関係という形で現われたのが『物質と記憶』なのであり、その逆ではない。

出発点を見失わずに、なんどでもここから出発しなおすかぎり、ベルクソンが資料の海で溺れるはずがないし、また、論理の展開に身をまかせてさまようわけがない。足を着ける場所から離れてただ方法にたよるのは、ベルクソンの方法ではない。直観に身をおきなおして、なんどでも新しくはじめる努力が、かれの方法である。かれは、自己観察の事実にたえず立ち帰る。いくらわかったと思っても、物事がわかるそのわかりかたには、なんとさまざまな深さがあることか。このことについての直観そのものが一冊の書物にまで育て上げられたのが、『物質と記憶』である。

名声が高まる一方で、ベルクソン自身は、なぜこの画期的な仕事が、どんな哲学の教科書にでも載っているような空疎なテーマのもとにしまいこまれてしまうのかと、もどかしさと孤独感に襲われていなかっただろうか。かれが『物質と記憶』で見せる、失語症についての、解剖学、生理学、心理学のおびただしい資料に向かうはちきれんばかりの熱意が、そんなところにおとなしく収まるわけがない。新しいベルクソン全集の月報で、茂木健一郎氏が、この『物質と記憶』の読みごたえはダーウィンの『種の起源』の読みごたえを思い起こさせる、とコメントしていたが、ふとぼくは、今西錦司が執拗に『種の起源』を読み返していたことを思い出した。ダーウィンの進化論に反対して独自の進化論をつくりあげた今西錦司だが、一流の登山家としても知られたかれは、自身が加茂川をはじめ各地の渓流で来る日も来る日もヒラタカゲロウの幼虫とつきあってきたのと同じ性質を、ダーウィンの仕事にも嗅いだにちがいないのである。今西がダーウィンに読んだのは、進化の理論というよりも、ビーグル号で未開の南米をまわって調査した人間の、さらにそれ以上に、ミミズの観察に四〇年をかけた人間の、抽象化されえない思索の形だったであろう。

そういうつもりで、ぼくはベルクソンを読みたいのである。そうすれば、『物質と記憶』の複雑さはそのまま『物質と記憶』の形であり味わいである。複雑さに頭がついていかないなどと悩む必要はない。悩まずその複雑さの奥まで迷い込んでいけばいい。この複雑さは現実の複雑さに由来するのだから、とベルクソンも第七版序文でいっているではないか。わたしがこの研究の道しるべとしたふたつの原則を手放さなければ、それをわかってもらえるだろう、と助言してくれている。

その第一。それは、わたしたちの精神はもともとは行動のためにある、ということ。これを忘れると、行動の領域でしみついた精神の物質的習慣を、まさか物質の特性とは思わずに、精神の性質だと思い込むことになる。ものを知るのに物質に合う習慣だけしか用いない知性主義、論理主義に陥るのであり、そうなると、物事のもう半分を見落とすばかりか、そこに、物質相手でしか使えない思考を持ち込んでにせものの問題をつくってしまう。したがって、第二。ほんとうにものを知るには、知力のこういう人為的な限定を一掃しなければならない、ということ。

さてベルクソンはこれらをふたつの原則としてとらえているけれど、貫くものは、ひとことでいうなら、思考は脳の働きのなかだけにとどまらない、ということ、それだけを忘れるな、とかれは念を押したいのである。その念の押しかたが、右のような形をとったのだった。

このふたつの原則は、はたしてかれがいうように『物質と記憶』を読む方法なのだろうか。『物質と記憶』で表わしたかったことそのものではないだろうか。高級な心身論やら、深遠な死後の生やらは、ちっとものみこめないぼくだが、脳の性能に限定されない知る力のさまざまな深さの話となれば別である。複雑な『物質と記憶』のどこもかしこも、ぼくには思い当たることだらけである。

八　脳にしばられない精神

ある外国語の単語を耳にしたとき、それによってぼくたちはたんに、あっ何語だ、というふうにその単語を想起することもあるし、また、以前この単語をだれかが発音したときのその声を回想することもある。だれにでも身におぼえのあるこれらふたつの連想だが、このふたつが異なるのは、たまたま別々の筋道の連想をたどることによって現在の知覚の引力圏に引き入れられて出現したものだからだろうか。そうではない。これらの連想はそれぞれ、まったく異なる精神的な身構え、まったく異なる内的緊張度に対応している、とベルクソンは答えている。考えてみればそうなのであり、こころには、筋道のちがいというよりも、レヴェルのちがいがあることは、だれでも気づいている。たとえとしてベルクソンは小説をあげているが、ぼくたちは小説を読み、そこに描かれている心理の連鎖は真実をいいあてている、と感じ入ることもあれば、また別の小説に描かれた連鎖には嘘っぽさを感じることもある。どこが嘘っぽかったのかというと、「精神の異なるレヴェルをむりやり同一平面にならべて論理づけてしまった」(三三四頁)感じがある点であって、異なる深さへと身をおくことを知らぬ「この作者は、表現したかった精神のレヴェルを踏み外している」(三三五頁)と思われる。こういう小説を読むと、型にはまった見かたによって人間が処理されているさまを、どうだとばかりに見せられることになり、ぼくは不快に感じる。ここからも、ほんとうはこころは一枚の平面なのではなく、こころにはさまざまな度合いをなす活力あるいは緊張度がたしかにある、とわかる。「人間を描く作家がこの異質な厚みを見誤っていたのでは非難はまぬかれない」(同頁)、というわけである。

ぼくとしては、こころにはさまざまな高さの調子があるというよりも、さらに、さまざまな高さの調子で存在しているものを、そして存在するもののそのような状態を、それこそを、こころと呼ぶのだといいたい。ぼくのむちゃないいかたはさておき、ベルクソンはそれよりもずっと、はっとさせる事実をとりだしている。「病理学は、ここでわたしたちのだれもが気づいている事実を、裏づけている。たとえば、ヒステリー患者の組織的健忘において消失したように見える諸々の記憶は、じっさいには、残存している。なのにこれらを失ってしまったかのように見えるのはなぜかというと、これらの記憶は、おそらくそのすべてが知的活力のある特定の音調にむすばれているのだが、患者はこの調子へ、もはや身をおくことができなくなっているからである」(同頁)。記憶自体が損なわれることは、けっしてない。記憶とはそういう存在である。ここでまたむちゃないいかたをさせてもらうなら、物質的な、身体的な障害の裏で、損なわれることなく存在しつづけるものを、記憶と呼ぶ。この世にあって物質的でない存在のしかたを、記憶と呼ぶ。

ベルクソンとともに、神経組織の構造に目を向けてみよう。つぎつぎと張りめぐらされた神経線維の末端は、刺激が通過するとき、たがいに接近する。これが実験から認められるすべてである。そもそも身体は、受けた刺激と行なわれる運動との連絡通路にすぎない。身体内のいたるところに伝導体は認められるが、じつは中枢がそのどこにもないのである。外界から振動や刺激を受け取って、これを行動といわれる運動の形で外界に送り返す神経線維、この、末梢から末梢へきわめて巧妙に張りめぐらされた神経線維が、まさに、その結合の堅固さと正確さによって、身体の感覚 - 運動システムを構成している。これは、記憶と関係はなく、ただの感覚 - 運動システムだという点が重要なのであって、その緊張がゆるんだり、その精密な均衡が破れたりするとき、それにともない、そこにたまっていた記憶が消失したり傷ついたりする、などと考えるのは、ほんとうなら非科学的ドグマだとの誇りをまぬかれない考えである。身体の活動性がゆるんだとき記憶が消失するなどといったら、だいたいなぜぼくたちは眠ると夢を見るのかがわからない。それに、精神病者の苦しみのありかがわからない。記憶はけっして傷つきも消えもしていない。手の届かないところで叫んでいる。神経線維、すなわち身体の感覚 - 運動システムは、現在の状況への、身体の適応を確保しているのだから、これがゆるんだり破れたりすれば、ただ、生活への注意ともいうべきものが遊離してしまうのである。夢や、精神異常は、これ以外のものとは考えられない。

睡眠はニューロン間の結合の遮断だ、という仮説がある。ベルクソンの時代、すでに綿密な実験によってこれは立証されていた。ベルクソンはつぎのようにいう。かりにこれを認めないひとがいるとしても、神経組織上に確立されている刺激とその反応である運動との関係が、深い眠りにおいて少なくともその機能上は遮断されることは、だれにも否定しようのないもっとも身近な事実のひとつである、と。夢は、諸々の事実から見て、身体の感覚‐運動システムによって固定されているべきわたしたちの注意力の、固定がゆるんだときの精神状態というべきなのである。これはあらゆる点で精神異常と似ている。

睡眠という神経組織の緊張のゆるみは、おそらく覚醒時の神経の活動中に生じた分泌物が神経要素にたまって、中毒を起こすことに原因があると考えられる。精神異常も、やはり大脳の衰弱に原因があると考えられ、この大脳の衰弱も、神経組織にたまったなんらかの毒素によって引き起こされるにちがいない。狂気のあらゆる症状が毒素によって実験的に引き起こされることは知られている。したがって、精神異常における精神的均衡の崩壊は、けっして精神に原因があるのではない。たんに、身体における感覚‐運動システムが乱されることに、原因がある。この身体上の乱れで、たったそれだけで、精神は一種の眩惑の状態に陥り、現実と接触できなくなってしまう。

これがどういうことかは、ある種の精神病者が語るその初期症状を読むとわかる。かれらが共通して述べる独特のことばに、ベルクソンは注目している。かれらは、「現実でない感じ」(三四三—三四四頁)を体験しているという。あたかも、知覚している事物が、起伏も堅固さも失ったかのようだというのである。じっさい、わたしたちが抱く現実感とはなにか。それは、物が目の前にあるということ自体がもたらすあれこれの刺激に対し、自分の身体がひとりでに呼応し、いまにも行なうばかりになっている運動の意識にある。感覚-運動の関係を組織する神経網がゆるんだり損なわれたりすると、この現実感が減退し、消えてしまう。つまり、脳の障害によって、記憶は破壊されるどころか、均衡の崩壊を衝いて前面に出てくると見るべきなのである。文字どおり、患者たちはあふれだす記憶に埋もれて、夢心地になり、現実から遠ざけられることになる。脳の役割はなにか。ベルクソンは、脳は忘却の器官だといいたいのである。

九　脳の役割

一見、脳が記憶をたくわえているという考えを支持するように見える、たったひとつの症例がある。それは失語症、もっと一般的にいうと、聴覚あるいは視覚の再認の障害だが、それだけが、障害を引き起こしている患部を、特定の脳回《のうかい》の特定の部位に指定できた唯一の例である。

ベルクソンは失語症に関するデータの綿密な調査を行なった。つまり、あらゆる事実とあらゆる推論の行き先をたどったと見ていいだろう。するとそれらがついに示していたのは、脳は感覚と運動をつなげる配線の集積でしかないということだった。諸学説の空想をよそに、脳の病理学は、確実にそれだけを示した。広大な記憶を負った精神生活は、この感覚と運動の結合関係のかたまりを、自分の進む最尖端、たえず現在の状況内に刺し込んでいく切っ先としているだけである。けっきょく尖端たる脳には、ただ、背後にある記憶を現実へと向けさせる機能を見ればすむ。記憶そのものは、脳すなわち身体から完全に独立しているのである。

身体は、自分に働きかける対象と、自分が働きかける対象との、あいだにある。身体は、刺激を伝導するにすぎない。その点、他の物質となにひとつかわらぬ物質にすぎない。刺激を受けること。受けた刺激を通過させること。していることはそれだけだが、通過のさせかたにいろいろある。まさに素通りさせるばあいもある。ぼくがつつくと消しゴムが転がって、本にぶつかって、また静まる。刺激は、ぼくから本へ、消しゴムを素通りした。身体も、消しゴムのようにふるまうだろう。そうしないばあいがある。受けた刺激を、脊髄に伝えて、そこに待ち受ける決定ずみの運動神経へ、そして特定の運動器官へ渡し、そうして刺激を身体の運動に展開しながら、対象へ向かって通過させていくばあいがある。が、やはり通過させるにすぎない。もちろん、こういう反射といわれる身体現象だけでなく、さらに意志的な行動も身体から出てくる。しかしそれにしたところで、受けた刺激を、いちど脳まで遠まわりさせてから脊髄に渡しているというだけのことで、やっていることに本質的にかわりはない。やはり刺激は脊髄へ伝わって運動神経へ渡り、そこを伝ってって運動器官の運動となって、からだからからだの外へ、対象へと通過していく。ただし、脳まで回り道をさせたことによって、刺激の前には脳細胞が展開する多くの通路がひろがることになり、刺激は、そのひとつをとおっていったり、あるいはそのすべての通路へと分解されていったりするだろう。

それだけである。知覚器官はいずれも神経を脳に送っているし、また脊髄と延髄の運動機構も、すべて脳に代表をおいている。けれども、だからといって、脳はなにもつけくわえたりしない。脳の役割は、刺激を伝えることと、刺激を分解解消させることとにかぎられる。要するに、神経組織には、精神を生んだり、精神を保存したりするのに役立つ器官など、どこにもない。

一〇　詩の暗誦あるいは認識のふたつの形

過去のありかは身体を越えたどこかであり、それでも身体が過去をたくわえうるとしたら、ただ、過去の行動と同じ運動を展開するメカニズムとしてだけである。こうして、過去は身体と身体でないものとのふたつの形で保存され、そうなると、ぼくたちがふつう過去を思い出して用いるときの働き、つまり、ああこれはかつて見たあれだ、と認識する働き、硬いいいかたをすると、現在の行動のために過去の経験を利用する再認の働きも、異なるふたつのしかたで行なわれるはずである。あるときは、それは行動そのものによって、すなわち、かつて経験した状況と同じ状況に反応して運動メカニズムがかつてと同じように動き出すことによって、行なわれる。ぼくたちが日ごろ生活していて、なにかに対し慣れ親しんだ感じを覚えるのは、ほぼこの再認の働きによるだろう。無意識のうちに迷わず自分の住む町を歩き、勤め先の社内を歩き、自宅のなかを歩く。日用品を使ってまた戻したり、ドアの開け閉めをしたりするのも、意識せずにやっている。まだまだあるだろうが、とにかく、からだによって再認を行なうことで、ぼくたちは、とくに意識せずにちゃんと生活できている。ところが、ときにそうでないことがある。精神の努力が必要なときも、ぼくたちにはあるから。そのときは、精神は過去にさかのぼり、現在の状況にもっとも適合しうる過去の心像を、潜在的な状態から現在へ向けて現実化して、再認を行なっているだろう。「精神の努力が必要なとき」といっているのはベルクソンである。条件反射だけでは、生活の半分しか再認できていない。これについて、かれはこうつけくわえている。「現在の対象の再認は、対象の側から引き起こされるばあいには身体の運動によって、主体の側から発するばあいは過去の心像によって、行なわれる」(一五三頁)。

ものを理解し、のみこむには、深かったり浅かったり、さまざまなレヴェルがある。しかし、そのことをぼくたちはつい忘れる。つい忘れて、効率ばかり求めたり、しなくてすむ努力を無意味と思ってきらったり、真実はただひとつと考えたりする。が、自分のこととなれば、なぜみんなぼくのことをわかってくれないのだろう、と理解力の深浅にいらだち、もがくものである。こんな日常的な小さな思いを大切にすくい上げ、そこにこそ深く観る目の端緒をつかんだことが、ベルクソンの思索の根だと思う。かれの記憶理論が、でなく、記憶理論を展開するかれの動機が、ぼくにとっては重大なのである。

身体は、現在の瞬間において考察するなら、身体へ作用をおよぼす対象と、身体が作用をおよぼす対象とのあいだの連絡通路にすぎない。瞬間においてでなく、時間の厚みのなかで見るなら、身体は、ぼくの過去が現在の行動へと展開されるちょうどその節目にいつもある。なかでも脳と呼ばれる特殊な部分は、過去から現在へと向かうぼくの生の総体のいちばん新しい終結点を形づくっていて、一連の過去が現在へと突き立てている最尖端、過去と現在の接点となっている。

この接点をこわしても、過去の総体が破壊されたことにはならない。たんに、過去がそれによって形を得て現実化して現在へ思い起こされる、その手段が失われただけである。脳の損傷は記憶を消滅させない。消滅するのは、現在への通路にすぎない。かつて現実であったが、いまは無力となって潜在化した存在が、過去である。失われたのでなくただ現在でなくなってしまっただけの存在、これをベルクソンは記憶という。過去をこちらの思わくでどうこうできはしない。脳をケガしても外界がこわれるわけでないように、脳をケガしても記憶はこわれはしない。記憶は脳を越えている。だからこそ、思考は深まるのである。思考は脳に閉ざされていない。ものへ深まる。そういう精神の働きがありうることを、ベルクソンはうまずたゆまずことばにしてみようとする。

記憶にふたつのタイプがあることをすでにいった。たとえば、詩を暗誦する練習をしているとしよう。まずは一句一句、区切って読む。これをくりかえす。すると、朗読のたびに、ばらばらだった句と句がより強くむすびつき、そしてとうとう、自分のなかで、詩の全体がつながって、ひとつの生き物のように組織されて現われるのがわかる。こうなって、詩が記憶された、とぼくたちはいう。これが記憶の一方のタイプである。ところが、もう一方のタイプはまったくようすがちがう。いまいった組織化された詩を記憶と呼ぶ一方で、そのために行なった暗誦の練習自体のことも、ぼくたちはおぼえている。額に汗したこと。地団駄を踏んだこと。夕日が教室いっぱいに射し込んでいたこと。そのときそのときの周囲の状況とともに、練習の一回一回がそれぞれの個性をもってこころによみがえってくる。練習中の朗読の一回一回は、それぞれの時間という個性を帯びて、先行した朗読とも後続する朗読とも区別される。こういう過去のことも、もちろんぼくたちは記憶と呼ぶ。さて、同じ記憶ということばで呼びながら、詩の記憶と毎回の朗読の記憶とはまったく異質である。この例はありふれているかもしれない。けれど、ありふれた例に異なる深さを見つめようとするベルクソンの目の働かせかたは、ありふれていない。

ぼくたちはこのふたつの記憶を、ややもすれば多い少ないの程度のちがいとして区別したくなる。練習の記憶それぞれは一回のイメージだが、記憶できた詩は、それらすべてのイメージが重なり合い、強まったイメージだと。たしかに、どのひとつの練習を思い出してみても、その前の練習よりも詩がよりおぼえられている。一回一回の練習の記憶を重ねれば重ねるほど、詩の暗誦の程度があがるといいたくなる。しかし、その毎回が、ますます暗記が進んだ詩としてでなく、一回一回の出来事として、それぞれ完全に自足しているということもたしかであって、毎回が、起こったままの姿で残存し、そのときの周囲の状況とともに、ぼくの過去の、かけがえのない一時期一時期なのである。

ベルクソンの目で観るなら、この二種類の記憶には根本的なちがいがあることがわかる。ある特定の練習の思い出は、ベルクソンのいいかたでいえば、イマージュなのであり、イマージュであるにすぎない。ベルクソンは、哲学でいう実在論的「存在」や観念論的「存在」をしりぞけて、ぼくたちがふつうに、ものとか出来事とかをいうときに意味している存在のほうをとりあげ、イマージュという。ぼくたちが知覚しているままの姿で外界にひろがる事物が、それである。このことばを使えば、練習の思い出がイマージュの残存したものであるのに対し、一方、暗記された詩はイマージュではない。かりにこれをこころのうちで反復するにしても、イマージュではない。表立って行なわれてはいないが、詩の想起は喉元や顎や頸で演じる現在の行動だからである。暗記された詩はもはや思い出ではなく、歩いたり話したり書いたりする習慣と同じく、ぼくたちの現在の一部なのである。一回一回の練習の記憶は思い浮かべられるイマージュだが、詩の記憶は行動されるメカニズムなのである。

じっさい、詩の記憶は、習慣のもつあらゆる性質をもっている。詩の記憶は、身体のすべての習慣的運動と同じく、最初のきっかけが与えられれば動きだし、最後まで行なってしまうまで止まらないメカニズムとして存在しているようで、すなわち自動的運動を行なう閉じたシステムをなして詩は体内にたくわえられている。よって詩は、思い出すとき、いつも同じ順序で展開する。一回一回の練習のイマージュとしての記憶のほうはそうではない。この思い出のほうは、身体にではなく精神におさめられているといえる。ぼくは、精神という語を安直に使いすぎているようだが、身体でないものを観なければ、身体のこともほんとうはわからない。習慣は身体をなす。一方、思い出は精神をなす。ぼくたちは、運動の順序などとはかけはなれたところで、思い出に好きなだけ長くひたることも、一瞬にしてすべてを思い浮かべることも、自由にできる。こういうイマージュとしての記憶と、暗記された詩の記憶とは、独立している。独立しているどころか、両者はときに、たがいにさまたげあうかのように見えるほどなのである。

もちろん、さまたげあうというよりは、たとえば、習慣的な記憶が過去のイマージュの記憶にかわってぼくたちの再認を助けている、といわなくてはならないだろう。ベルクソンは、そういう再認の絶好の例を、うれしそうに吠えて主人を迎える犬のようすに見てとっているが、うちのわん公も、よくそうして甘える。帰宅したぼくに、わん公が鼻をひんひんいわせて身をすりよせてくる。ぼくのことを、ぼくだと、明らかに再認している。この再認の本質は、これまでわん公が、ぼくとの親しい関係によって徐々に身体内につくりあげてきた運動のメカニズムについての、そしていまやぼくが帰ってきた姿を知覚しただけで機械的に引き起こされる身体的態度についての、意識にあるにちがいない。これは、ぼくが慣れ親しんだ自分の部屋でいつもの作業をはじめると、なんともいえない幸福感を覚えるのとまったく同じであるし、家族といてある種の感情につつまれるのと、まったく同じである。こんなに安定した状態がほかにあるだろうか。一方、身体化されない過去はうつろいやすい。なにひとつ変ずることなく過去はたしかにここにあるはずなのに、現在に身をおくぼくにとってこれほどもどかしい存在もない。あの大切なひとの顔が、意識して思いえがこうとすればするほど、ぼくから逃れようとする。どうしても、ぼくが現在であることが、ぼくの過去をぼくから覆い隠す。

一一　反復したがらない記憶

じっさいには、習慣のように身についた記憶は、記憶のなかの例外で、いまこの瞬間もやむことなく刻々とたくわえられていく記憶は、イマージュの記憶のほうだろう。しかし、習慣のように身についた記憶のほうが、行動上はるかに有用なので、こればかりが目立つ。だから、ぼくたちはつい、この身体に刻みついた記憶をもとにして、記憶とは、あたかも蠟に刻まれた筋であるかのように、反復するにつれてますます深く刻まれる脳のしわだとイメージしてしまう。これを聞いて学者は笑うかもしれない。けれども、学者もまた、脳によってすべての記憶を説明しようとするなら、脳科学のいかなる専門用語を用いようとも、ぼくたちとかわりはしない。これのどこがまずいのか。ベルクソンがずばり指摘している。「反復したからといって、イマージュの記憶が習慣的記憶にかわることはけっしてない」(一六四頁)。

むろん、反復の働きは、かつてある状況において身体が運動したイマージュの記憶を利用する。似た状況のイマージュに対してそのときと同じ運動で反応することをくりかえし、それをしだいにひとつのメカニズムとして整え、身体の習慣をつくりだす。しかし、ただそれだけである。けっきょく、反復は習慣をつくるが、使ったはずのイマージュの記憶については、きれいに素通りしている。これが人間の傾向ともいえる。この傾向が、イマージュの記憶のありかたに深くかかわっているのであって、イマージュの記憶の姿そのものを暗示しているとまでいっていい。過去は、ぼくにとって大切であればあるほど、これを反復したがるぼくから逃れて存在していようとする。

第二章 「見の目」から「観の目」へ

一二 時間のなかをじかに歩く

そもそも、ぼくたちが見のがすような存在のしかた、それが過去なのである。見のがすぼくたちがうかつなのではない。学者が分析能力をかたむけて取り組もうとも、すりぬけていくのが、過去という存在のしかたなのである。もっというと、ちゃんとした学者であればあるほど存在そのものを否定したくなるような存在のしかたが、過去なのである。ほんとうは、そこまで行かなければ学者ではない。ベルクソンは書いている。「時間をじかに見ることがわたしのこころをとらえた。わたしは諸学説をすべて検討していって、これまで哲学者が時間をまったく問題にしていないことを知った」(『思考と動き』一三頁)。哲学の全歴史を通じて、学者は時間をとりのがし、時間を考えているつもりで空間しか見てこなかった。真剣に考えた学者は瞬間や永遠に行き当たったのであり、経過する時間を否定したのである。なぜ、ベルクソンは、こうした事情に気づくことができたのだろう。そしてなぜ、ぼくはこういうベルクソンの眼力にリアリティを感じているのだろう。

ただひとついえるのは、ベルクソンがもっているものは、知識なんかではないということである。ものがわかるということにはさまざまな深さがあって、ひとはいくらでも深くものを知ることが可能だという信念がベルクソンにはある。かれが知るとは、精神を深めることにほかならず、学者の方法を突破したかれの知りかたは、学者の知ることのできない時間の存在、過去という存在のなかをじかに歩くことではなかっただろうか。ぼくの生きた時間を知るのは、ぼくしかいない。この細く険しい王道は、学者の知力すらも姑息な手段と見る。

時間を手放さないこと。それだけである。ベルクソンが方法とした導きの糸は。これがなんの役に立つのか。精神が深まるなどというのは、むしろものを理解することの実践的な性格を損なうことになる。忙しく生きているひとはそういうかもしれない。

たしかにそうかもしれない。ものを知覚するとは、ものに対処する少なくとも発生状態の運動を、ぼくたちのうちに引き起こすことであり、この運動が、反復されることでメカニズムとして定着し、習慣の状態に移行する。事物の知覚を自動的に受け継ぐ決まった態度が、ぼくたちのうちに呼び起こされるようになる。脳はその役割をになう実践的で精巧な仕組みである。そのおかげで、ぼくたちは環境に適応して生きることができる。こういうメカニズムとは異質な、イマージュの記憶などをもちだすことは、夢を現実へ混入させることになるだろう。じじつ、「現在の状況と無関係なこれら漠然としたイマージュは、現在と有益な結合をしているイマージュをはみだして、そのまわりに暗い縁をえがいているにすぎない。この暗い縁はさらに広大な暗闇の世界に埋没している。ところで、脳によって保たれていた外からの刺激とこれに対応する行動との均衡が破れたり、中枢を介して両端間に張りつめた神経の緊張が一時的にゆるんだりすると、暗い世界に封じ込められていたイマージュがたちまち明るい世界に押し寄せてくる。この後者の状態が、おそらく、睡眠中、夢を見ているときに生じていることである」(一六六—一六七頁)。

たしかにこの深部の広大なイマージュは夢のようなものであって、ぼくの意志などにおかまいなく、現われたり消えたりする。これに対し、暗記した詩のように、イマージュのかわりに運動メカニズムを保存した、文字どおり身につけた記憶には、そんな不安定なようすはない。運動的記憶、習慣となった記憶は、もはや自動的に反復される。これは、日常の経験をふりかえれば、だれにでも思い当たるところだと思う。

ベルクソンは、精神病患者が自分の理解していない一連の質問に、いかにももっともらしい返答をするという点に、注意をうながしている。「こういうケースでは言語活動は一種の反射のように作動している。自発的には一語も発することのできない失語症患者も、歌うときには正確に歌詞を思い出す。またかれらは、お祈りのことばや、順にならんだ数、一週間の曜日、一年の月の名を、順序どおりにすらすら唱えたりする」(一六九頁)。つけくわれれば、おとな顔負けの受け答えをするこどももこれと同じだろう。さらに、専門用語や論理や独特の抑揚を巧みにあやつる知識人も、まったく同じだろう。そのメカニズムがひとたび組織されれば、メカニズムそれ自身で機能してくれるものである。これは便利だし、じじつ社会生活はこういう自動的運動だけで営まれているともいえる。たとえば社会的地位は、こうした運動によってその身を社会のなかに組み入れ位置づけた結果にちがいない。こういうメカニズムは、誤作動を起こし暴走するときがある。すべてはメカニズムによって片がつく、といわんばかりに。ぼくはただ漠然とした不快感によってこれに気づく。あたかも、意識の暗い深みからダイモンの警告を受けたかのように。意識の暗い深み。意識するしないにかかわらず、完全なイマージュがすぐそこにあったのである。そう、たしかにそこにあった。ただ、それは移ろいやすく、まるで移ろうことでのみ存在しているかのようで、頭にえがこうなどとしたら、想像裡であれ線を引くなどして身体運動的にその形を固定しようとしたら、それはその瞬間に消えてしまう。

こんな実験をベルクソンはあげている。被験者に、文字のならびを数秒間見せ、記憶してもらう。ただし、見せた文字を、それに応じた発声運動へと変換して身体運動としておぼえてしまうことを防ぐために、被験者には、文字を見ているあいだ、それとは関係のないある音節をたえず反復していてもらう。この実験の結果、ある特殊な心理状態が生まれた。被験者は、見せられた視覚イマージュを完全に記憶したと感じているにもかかわらず、それを思い出すことを求められると、一文字も答えることができず、被験者本人が驚いたことに、そのとたん、記憶した文字のならび全体が意識から消えたのである。

被験者のひとりが残した感想に、ベルクソンは注目している。「被験者のひとりがいっている。この現象の底には問題のイマージュ全体があって、つまり全体をカバーし合う一種の入り組んだイマージュがあって、そこではすべての部分が、なんといったらいいか、一体感のようなものをもっていた、と」(一七〇頁)。

被験者は、意図的に獲得される記憶の背後に隠れて、これとはまったく異質な記憶が実在しているといっているのである。反復再生しようとする努力が、それを意識の外へ押し出してしまう、そんな記憶が実在しているというのである。そういう存在が、ぼくたちの意識に隠れて、そこここにひそんでいるわけである。

意識の光とのこの相容れなさが、記憶ほんらいの性格なのだと、ぼくはいいたい。この性格が、これをとらえる者に対して、これを別物ととりちがえるように誘う。ぼくたちの意識はどうしても、習慣と記憶とのふたつの極端な形態を見つづけることにたえられず、一方をとりあげるためには、そこに他方を混入せずにいられない。そうしてできた、いわば中間的な不純な形態を、記憶だと呼んでしまう。

もちろん、両者を融合することが、こころとからだの交差点として生きるぼくたちのすべきすべてである。けれども、このことは、混合された現象を、より根本的な存在と見ていいなどということを意味しない。それが意味しているのは、イマージュの記憶と身体の運動という異なるものの関係が、しなやかにつねに現在に即してつくりだされつづけなければならないということである。なのに、それぞれのほんらいの純粋さに気づくことなく、たんに中間的な不純な記憶形態しか見ないでいるとしたら、両者の関係を凍りつかせておくことになる。こうして、一面では運動習慣の様相を示し、他面ではイマージュの様相を示す混合状態を、その状態の大切さゆえに、不可分の現象だと思ってしまう。でも、そうなると、どういうことになるか。運動習慣の基礎となっている脳や脊髄や延髄が、同時にそのまま、イマージュの座でもある、と考えなくてはならなくなる。意識界は脳によってつくられている、という考えに、知らず知らずに導かれることになる。これでは、ぼくたちはものを見てその視覚像をとらえたと思ったとき、かならず自分が生んだイマージュという人工物のなかに閉ざされていることになって、外界から隔てられ、ものを知ることができない。これが、ぼくたちが、そして哲学的思考が、決まってたどるコースである。しかし、ベルクソンはちがった。

けっして哲学の秀才なんかでなかったベルクソンは、およそことばによる解釈というものでは納得が行かず、ことばによる解決を投げ棄てていた。つまり、ほんとうにものを知りたいと考えた。ものを観る努力を直観と呼び、これだけを自分の「方法」とした。そういうかれには、イマージュを脳による人工物と見る見かたが、なんとのんきな、なんとぜいたくな「方法」だと思われたことだろうか。そもそも世界は、身のまわりを見まわしたとおり、ものとして、イマージュとして存在する。そのなかにいて、脳がさらにもののイマージュをつくるなどという、そんなぜいたくを、自然は許さない、とベルクソンは書いている。脳ということばはあまりに便利なのである。それを使えば、知覚も記憶も説明できてしまう。けれど、説明することは、はたして知ることだろうか。いま見ているこれはかつて見たあれと同じだ、とわかる基本的な理解の形である再認についても、説明ならいくらでもできて、説明しているひとは、理解の成り立つ原因を明かしているつもりになるだろう。しかし、説明というものはつねに、原因というよりむしろ結果なのである。しかも、ときにひどくゆがめられた結果なのである。イマージュを生成し蓄積する脳という、よくよく考えてみればあまりに観念的な、あまりに謎めいた仮説は、再認についてなんでも説明してしまう。ベルクソンはこういう説明が納得できなかった。再認という、じつになにげないありふれた事実に、ぼくたち人間の離れ技を見たベルクソンには、そこに人間のからだとこころ全部による活動を見たベルクソンには、脳の生理学ですべてがすむという魔法の杖の一振りは、なんら自分の心身活動を高めるものでなく、説明のための説明でしかなかった。そんな哲学など、やる気もしなかっただろう。

ベルクソンの文章の美しさをいうひとは多い。いったい、その美しさはことばによる装飾から生じたのだろうか。そうでなく、装飾にしかならないようなことばを使用することに対する極度の抑制から生じているだろう。こういうと、論理の骨格だけで成る文章を思うひともいるかもしれない。けれど、それはちがう。ベルクソンは、論理など物事の原因でなく結果にすぎず、あとからつけた説明にすぎないと、くりかえしている。ということは、かれにとって、説明は、論理は、装飾でしかない、といっていいだろう。装飾を抑制するかれの厳しさから切り離して、たんに脳に対するかれの意見を読んでも、まじめに読めば読むほど、かえって、かれが避けようとした装飾を、その文章の上に新たに施すばかりであるということは、『物質と記憶』を読むさい肝に銘じておいたほうがいい。

一三　見知らぬ町を散歩する

見たことがある、という理解の形は、知覚と記憶が結合した結果だと考えられがちだけれど、むしろ理解が先で、そのあと結合が起こるのかもしれない。その証拠に、記憶がよみがえってくるのは、いったん知覚が再認されてからのことがほとんどである。そんなことはない、結合という原因は脳の科学的事実ではないか、と反論されるかもしれない。なるほど、たとえば、脳内の痕跡と痕跡とのネットワークだとか、くりかえされるうちに結合が容易となる脳内に飛び交う刺激だとか、知覚細胞と記憶蓄積細胞との連絡だとか、再認を説明する事実に、ぼくたちは事欠かない。そう思われる。が、知覚と記憶の結合といっただけでは、再認のプロセスを説明するのに、けっしてじゅうぶんとはいえない。ベルクソンは、記憶の研究にまた一歩深く立ち入る。

もし、知覚と記憶の結合によって再認が行なわれているのだとしたら、過去のイマージュが消失してしまえばぜったい再認ができないということになる。逆に、過去のイマージュが保存されていれば再認できる、ということになる。ということは、精神盲、すなわち対象を見ているにもかかわらずそれを再認できない疾患は、視覚の記憶が害された結果だということになり、したがって精神盲は視覚の記憶が害されていなければ起こらないことになるだろうし(帰結一)、視覚の記憶が害されていればかならず精神盲が引き起こされることになるだろう(帰結二)。ところが事実は、このふたつの帰結のいずれにも反する。つぎのような症例をベルクソンはあげている(一八一—一八二頁)。

その患者は目を閉じて自分が住む町のようすを話し、想像のなかでそこを散歩することもできたが、じっさいにその町を歩いてみると、すべてがはじめてに感じられ、なにも再認できなかった。そのとき患者は、自分がどこにいるかもわかっていなかった。また、別の患者は、名前をいわれた物をこころのなかに呼び起こすことができたし、それを絵にすることもできた。しかし、その物をじっさいに目の前において見せても、それを再認することができなかった。これらの症例から、こういえる。視覚記憶が害されずにいくら保存されていても、視覚記憶をいくら意識できようとも、だからといってそれと類似の知覚を再認することができるわけではないのである。ふたつの帰結の一番目が、こうして否定される。すなわち、精神盲は視覚の記憶が害されていなくても起こる。

一方、視覚記憶の完全な消失として古典的とされる、こういう症例があげられている。たしかに患者は生まれ故郷の町の名前もいえなかった。が、それを見て、町であること、そこに建っているのが住居というものであることは、わかっていたのである。この患者はもはや、自分の妻子も再認できなかった。しかし、それが女性であること、こどもであることは、答えられたのである。ふたつの帰結の二番目も、こうして否定される。すなわち、視覚の記憶が害されていても精神盲が引き起こされないケースがある。

以上から、ベルクソンはこう結論している。過去のイマージュを想起できようとも知覚をかならず再認できるわけではないこと。すべての再認がかならずしも過去のイマージュを必要としているわけではないこと。こうなると、知覚に記憶を結合することだと考えられてきた再認が、根本からひっくりかえされる。「けっきょく、再認とはなにか?」(一八三頁)

ここでベルクソンは、町を散歩する例に再度こだわるのだが、この例は、ぼくにも思い当たるふしがあり、なるほど、そうだったよな、と懐かしくなる。はじめて来た町を歩くとしよう。この初体験の新しさ、開放感、放り出されたような不安感。引っ越してきた町のはじめの印象、あるいは勤めはじめたばかりの職場の雰囲気を思い出そう。それがいまではどうだろうか。当初の息づまる感じがなくなって、開放感を味わうようになったとしても、それは自分を守る屋根や塀が吹き飛ばされたようなはじめの開放感とはちがって、自分に親しいものに取り囲まれて、手足を安心して伸ばせるようになった開放感だろう。はじめは覆うもののない恐怖のなかでからだを縮めていたのだった。両者には、鎧を脱いだときと着けたときほどのちがいがある。先に触れた最初の患者のばあい、町に暮らしていつまでたっても自分を守る鎧がないまま放り出されていたようなもので、けっきょく町に慣れることがなかったといえる。

ただし、思い出してほしいのだが、注意すべき点があり、それは、患者はこころのうちでは自分の町を思い浮かべることができ、そこを想像のなかで散歩することだってできた、と報告されている点である。記憶があり、それを意識上に引き出せたとしても、町を再認したことにはならなかったわけである。ぼくたちは、知らない町に暮らしはじめても、やがてその町を知る。このとき、知る、とはどういうことなのだろうか。ぼくたちにこのときどんなことが起きているのだろうか。慣れる、とすでに書いた。まさにそうだろう。しだいに生じてくる慣れこそ、ぼくにはあって、患者にはない感覚だろう。だとすると、このばあい、知るとは慣れることだといえないか。

住み慣れた町を歩いてみる。ふと気づくと、ぼくは、通りにあるものなどまるで見ずに歩いている。もちろん、目には街路のすべてが映っているだろう。しかしそれは、車のウィンドーに通りのお店やひとや、行き交う車が映り込んでいるのと同じことで、目に映るそれをぼくはまるで見ることなく歩いている。からだだけが機械的に、通りに反応しえているのである。街角に来るたびに、知覚し、それを吟味し、決断して進む、などということをしなくても、身についた習慣だけで、ぼくは駅まで歩いていける。ベルクソンの表現を使えば、「知覚に連鎖して起こる行動が知覚そのものを無用にするほど組織された状態」(一八四頁)が、これである。行動がまだ用意されず知覚しか意識しない状態が、はじめてこの町に降り立った日のぼくだった。いまや、ほとんど、身体の自動的な運動の感覚しか意識しない。住み慣れた町とは、ぼくのからだと親密になった町のことなのである。知らない町と知っている町、ともに町であることを、たしかにぼくは知っているが、この親密さのあるなしで、知っている町とも、知らない町ともなる。ものを知るとは、まず、ものに対する運動を行なえるようになることをいうのである。精神盲という病の存在が報告されるようになった当初、この病は「行動失調」と呼ばれたという。見ているものがなにであるかわかる再認の基底にあるのは、習慣化され組織化された運動の感覚なのであり、「日用品を再認するとは、まずなによりも、それを使うことができるということなのである」(一八五頁)。ものを知るとは、ものに慣れることだ、といったのはその意味である。

一四　故郷の発見

「身体の運動に受け継がれない知覚はない」(一八六頁)とベルクソンはいう。知覚は、身体という機械を作動させるスイッチだとまでいっていい。ぼくは毎日この町を歩いた。毎日歩くうちに、感覚に与えられるものと行動とが固くむすびついていった。そのうち、感覚に与えられているはずのものをまったく意識しなくとも、目的地まで町を歩けるようになった。おそらく、目は「見る」ための器官ではない。目は、じつは「目」ではなく、ぼくたちが思っているよりもはるかに筋肉に近い。目はほんらい、「見る」ことをせずに生きていけるようにするために、ぼくたちに与えられた。目があるせいで、ぼくはまるでものを見ることなく日々を送れるようになってしまう。町が見えなくなること、それがすなわち、町を知ることなのである。

町に対する行動を身につけることが、町を知ることなのであり、行動のしかたはひとつではないから、知りかたもまたひとつではない。ぼくがまだ二〇歳にもならないころの話だが、静岡に暮らす父母が乗用車で東京に遊びに来たおり、ペーパードライバーだったぼくが、運転する父のとなりに同乗して、都内を、といってもアパート周辺だったが、案内したことがあった。東京暮らしにも慣れ、毎日歩き慣れた町だったから、ほらあの角を右に、ほら三つ目の交差点を左に、と自慢げに案内してやるつもりだった。ところが、ふだんとどこかちがって見えるのである。ここを右に曲がるはずだった！　と少しおくれてから気がつく。どこをどう曲がればよいか、どうも確信がもてなくなってしまったのである。いま反省してみるに、ぼくが知っていたのは、この町の歩きかただった。この町をひとつの知りかたで知っていたものの、この町に対する自動車運転のしかたを身につけていなかったぼくは、この町をもうひとつの知りかたでは知っていなかったわけである。

この町で、たくさんのひとが、それぞれの生きかたをしている。あの八百屋のおやじには、この商店街がどう感じられているのだろうか。きょうも腰を曲げて杖のかわりに籐で編んだ乳母車を押してとおるおばあさんには、どうなのだろうか。駆け回る配送業のおにいちゃんには、端っこばかり歩く小学生には、自転車をならべてこぐ高校生たちには、どうなのか。もう何年も前にコンビニエンス・ストアでアルバイトをして感じていたこの町がぼくは懐かしい。いまも毎日同じ通りを歩きながら、二度とあのころ感じた町は感じられない。行動の数だけ、まったく異なる商店街がある。これらそれぞれが、ぼくたちめいめいにとっての、町のもつ親近感となっている。

しかし、これはあくまでも再認の基底である。こんなひとがいると聞く。そのひとは、生まれる場所をまちがえたと感じている。偶然ある土地で生まれ、そこで育ち、そこで暮らすことになったが、自分が故郷とすべき場所は、まだ見ぬどこかほかにある。そういう思いをずっと胸に秘めて生きている。なにか問題でも起こしてそこに住みづらくなったわけでもないし、不幸な暮らしを送ることを余儀なくされてどこかに逃げ出したかったわけでもない。見かけはとても平凡に幸せそうに暮らしている。にもかかわらず、自分の知る唯一の土地になじめぬまま、一生を終える。親類縁者のあいだでどこかよそ者として暮らすのである。ときに、生まれた土地を離れて、あこがれの故郷にたどりつくひともいる。そこでようやく安息を見いだす。見たこともない環境のなか、会ったこともない隣人たちのなかに、故郷を見いだす。あるいは天職を見いだすのでもいい。じっさいには、別の土地を見いだすのでなく、生まれ故郷をまったくあらたに故郷として見いだしたのでもいいし、家業やたまたま与えられた仕事が、あるとき天職として輝き出したのでもいい。これは明らかに再認であるが、しかしこの再認は、慣れとはまったく別のなにかである。

知覚と行動をむすぶのが、まず再認の基底だった。が、こんどは逆に、知覚とそれにともなう行動とのあいだに亀裂が生じることをひたすら待っている高次の再認がある、とでもいえようか。じじつ、身体に運動メカニズムが組み立てられていく一方で、それとは別のことが起こっていて、なにが起こっているかというと、過去が、思い出が、こころが、メカニズムからすりぬけて存在している。運動メカニズムとして身体のなかに習慣化された過去は、過去であることをやめていて、もはや現在であるが、他方、こころのなかの過去は過去として、過去の時間内に位置づけられて残存している。残存しているように思えないとしたら、思い出すときどうしてもそれを現在のなかへと引き上げて現在にはめこまねばならないからにすぎない。

現在に住む住人であるぼくは、知覚によって突き動かされて未来に向かって押しやられ、行動させられている。この行動から解放されるには努力がいる。流されず、逆に過去にさかのぼっていく努力がいる。努力がいるということが、物質の世界から独立して過去がこころが存在することの、もっとも直接的な証拠でもある。物質は努力をしない。こころそのものを働かせなければならないという意味で、ぼくたちにはほんとうの努力が必要となる。

もうひとつ付け加えておきたい。こころそのものを働かせることがほんとうの努力だという意味は、物質化にさからうことがほんとうの努力だという意味である。けれど、あくまでも物質化にさからうためには、夢の世界へとそれるのでなく、あえて、現在の身体運動がぼくを過去から未来へ押しやっているまさに物質化の道を使って、過去のイマージュが、現在の知覚に流れ込もうとするのでなくてはならない。これこそが努力である。

ぼくたち人間は、からだのつくり、神経組織の構造を見れば明らかに、与えられた現在の感覚が、それに応ずる運動へと受け継がれるようにできている。そこに過去のイマージュがはいりこむ余地などないと思われる。そのとおりで、過去のイマージュは、純粋な状態では、現在へと浮かび上がることなど、つまり思い出されることなどありえず、浮かび上がるやいなや現在によって覆い隠されているはずなのである。しかし、じっさいには、ぼくは、過去を思い出し、ぼくの現在の意識に過去のイマージュを引き入れている。たしかに身体の運動は自動的な再認を引き起こすのだった。これは、身体の運動が、イマージュによる再認を、排除し、阻止する、ということである。現在は、理論的には、過去を排除する。けれど、過去のイマージュが排除されるのは、まさに現在の身体的態度によって不要とされ、これに取って換わられるためであるから、見かたをかえれば、過去のイマージュは、これと置き換わった身体の現在の態勢によって加工され、ということは的確にラッピングされ、現在のただなかに持ち込まれているともいえよう。したがって、過去のイマージュのためにも、現在の知覚と運動をむすぶメカニズムが、よくねりあげられていなくてはならない。過去のイマージュのうちで、どれが現在への障壁を乗り越えるかといったら、それは、現在と無関係のイマージュであるよりも、ほかならぬ、現在の知覚に類似のイマージュのはずである。

ぼくたち人間は、外界によって行動させられている。もっというと、このからだを含めた外界によって、ぼくは運動されてしまっている。こうして自分も外界をなすものとして外界の運動に組み入れられることが、ぼくたちにとってものを知ることであったし、ぼくたちが生きることであった。しかし、生きるには、さまざまな高さの調子がある。ということは、まさにぼくが外界に運動されてしまっているこのことに、されるのでなくみずから行なおうとする生きかた、ほんとうにものを知ろうとするこころが、層をなして秘められているだろう。とはいえ、この事実をとらえるにはとても繊細な分析を要する。それが、あとに見るようにベルクソンが行なった、再認の疾患の根本的に異なるふたつの形の分析なのであるが、その前に、たとえばつぎのような考察が役に立つかもしれない。

一五　宮本武蔵とベルクソン

こんなことをぼくは考える。たとえば剣の修行は、ただひたすら条件反射を身につけるだけのために行なうのだろうか。ぼくのようなしろうとが空想したところではじまらぬ話ではある。けれど、宮本武蔵の『五輪書』をひらけば、「観の目つよく、見の目よわく、遠き所を近く見、近き所を遠く見る事」と剣の極意が説かれている。

誤解されやすいが、武蔵は『五輪書』に、訓練と実戦の経験から得た哲学を書き残そうとしたのではない。かれがしたことは、実戦によってそういう哲学を切り捨てることだった。それは、極度の実用主義者による哲学批判だったといえる。およそ哲学と現代人が呼ぶものを、武蔵がどんなにきらっていたかが、『五輪書』には現われている。禅の思想にさえ、かれは頼ろうとしなかった。

かれは「勝つ」行為しか信じない。「勝つ」には、じっさいの行為によって、わが身ひとつで「勝つ」のである。かれにいわせたら、哲学とは、説明あるいは説明の方法でしかないというだろう。説明することと知ることとは別である。説明なら、哲学を聞き慣れ、哲学を話し慣れた学生であればできる。ところが、知るには、ほんとうに知って納得するには、わがこころひとつで知るほかない。知る勝負で勝つとしたら、そうするほかない。これにくらべたら、哲学において勝つことなどは、剣の勝負で勝つことよりも、よい仕官の口を得ることのほうに似ている。武蔵は、仕官よりも戦いを、つまり、されるのでなく、みずから行なう生きかたを、選んだひとだった。

きたえた見の目を上まわるように、観の目をきたえあげなくてはならない。見の目による条件反射だけでは「勝つ」ために足りないのである。反復練習で身につけた高度な技も、程度こそ異なれど、埃がはいって目が閉じられるのと同じ種類の運動かもしれない。自動的にくりだされるだけの技は、強敵を相手にしたばあいには、かえって弱点となるかもしれない。そしてなにより、戦いのためには、反復練習とあともうひとつ、勇気が必要だとむかしからいうではないか。おそらく勇気は、がむしゃらに敵に飛び込むためのものではない。怖い剣にも目を奪われず、目の前の相手を遠くに見るためのものにちがいない。勝つためには、身につけた自動的な技を、自由な技へと変質させなければならないのである。

そこで、話をもどす。そもそもベルクソンが例にとったのは精神盲の症状であって、武蔵の兵法ではなかったから、ぼくとはずいぶん異なる論じかたをしている。しかしぼくは、ベルクソンの論述の動機となっているものを、それも書かれざる動機となっているものを、えぐりだそうとしている。えぐりだすのは不可能だとしても、これこそベルクソンが示唆しようと必死になっているものだとぼくが信じるものを、ぼくなりに示唆しようとしたのである。ベルクソンはこんなふうに論じている（一九四頁）。

完全な精神盲の症例はまれで、はるかに多いのは言語盲、すなわち文字を見ても理解できないという症例であるが、そのような症例では、患者は文字を書き写すよう指示されても、それができない。患者は、見せられた文字の、ある点から写しはじめる。そしてその点が、手本のその部分と一致しているかどうか確認ばかりしていて、先に進めない。これは、ぼくたちがふつう行なっている文字の写しかたとはまるっきり異なる。ぼくたちはふつう、手本の文字をじっと見てから、その文字の形を一気に描こうとする。ぼくたちは文字をなす運動感ともいうべきものをとらえているが、まさにこの種の身体的対応が言語盲で解体するとすれば、患者が文字を写せずにいる理由がよくわかる。このような患者の多くが、聴いたことを書き取ったり、自発的に書いたりする能力は、しっかり保持しているだけに、いっそう理由がはっきりする。ここで消失しているのは、まさに、文字に関する視覚にむすびつくべき運動習慣にほかならない。ここに、再認のもっとも基本的な条件がある。さきに再認の基底と呼んだものが、これである。

ところで、このもっとも基本的な条件によれば、ぼくのこの身体は知覚を受け継いでそこから有用な運動を引き出して演じる。その結果、身体運動が知覚と置き換わって知覚を終わらせることになり、かえって身体運動がぼくを知覚対象そのものから遠ざける働きをしている。けれどもその一方で、じつは逆に、身体運動がぼくを対象へ引きもどしてもいる。

たとえば、対象の輪郭というのは、ぼくたちが対象に対して行ないうる運動の下絵であろう。対象からの諸刺激のなかから、有用な身体運動へと引き継がれるものだけが、身体たるぼくにとって、対象のなかで際立ち、対象の輪郭を形づくるはずなのである。このように対象が加工されてしまい、たしかに、身体は、ぼくを対象そのものから運動へと遠ざける。が、その一方で、有用性の花である身体は、身体運動は、その根っこを対象のただなかにしっかり降ろしている。じじつ、身体の活動がありきたりの実用的な目的を離れたとする。つまり、知覚を有用な行動によって解消することに満足できなくなったとする。すると、ぼくの自発的な活動力が、身体運動を通じて運動の根っこに立ち帰り、知覚を克明に描きなおそうとする。そうするときの、じっと精神を集中させるような感覚はなんだろう。そのときぼくは、身体運動による自動的再認から、記憶イマージュの介入による反自動的再認に、自発的再認に移ろうとしているのである。これが、ぼくが高次の再認と呼んだものである。

　ここでベルクソンがすさまじいのは、では、再認がこのように行なわれるばあい、すなわち、記憶イマージュが現在の知覚と合流することで再認が行なわれるばあい、ほんとうに記憶が自発的に知覚に向かっていくのか、それともよくいわれているように、ただ知覚の刺激が機械的に記憶を再生させているだけなのか、実証的にたしかめようとし、ぐんぐん突き進んでいくところである。ぼくならば、こういうふうにしてしまう。身体の運動による自動的な再認と、記憶によるというか、こころの努力によるというか、ともかく自発的な再認との、二種類の再認があるんだな。ものを真に納得するには、身体の運動を手がかりにしてその運動の根っこへと自分を置きなおし、知覚をいっそう深めればいいんだな、まさに観の目さ、と。ぼくならこれで大満足してしまう。ところが、ベルクソンは、まったく満足しているようすなどない。まだまだそんなのはただのことば、ただのお話にすぎないではないか。ほんとうにものを知ることを求めているというのに、ことばだけを得て満足しているとは、矛盾しているし、滑稽すぎる。もしぼくの気の短さにベルクソンが当面したら、そんなふうにあきれたかもしれない。いや、人間がいかに自動的な運動へと流され、自動的なことばへと、論理へと、引きずられていって抜けだせない存在であるかは、かれが人間として身にしみて知りぬいていたろう。かれはたんに、ぼくたちがだれでも知っているつもりでいることを、つもりでなくほんとうに知って納得しようとしたひとである。たんにそこだけが、ぼくとちがう。ベルクソンは、研究の学術的完璧を期して、主観的な知的努力に付け加え、失語症の症例による実証を行なおうとしたのではない。かれがもっとも実証的に論じている部分にこそ、知ろうとするこころの努力が強く混入しているにちがいないのである。この実証的な部分にこそ、実証不可能な形而上学的なものの働きがひそまずにいないのである。このように読むこと、これがぼくの、『物質と記憶』を読む方法、あるいは愛読術である。

くりかえしになるが、もっとはっきりいっておこう。ベルクソンは観の目をみがくこと以外を、考えていなかった。ぼくが『物質と記憶』に読みたいのは、そういうベルクソンである。かれの仕事は形而上学だったといわれる。実証的データに満ちた『物質と記憶』にあっても、その半分はかれの形而上学でできている、と。そうであるにちがいないのだけれど、この形而上学などというのが、わかったようなわからないような呼び名である。ベルクソンがほんとうに知ろうと精神をふりしぼって努めるとき、学者たちは、そういうベルクソンのさまを、実証的な姿勢から離れたさまと見て、形而上学と呼んで片づけてしまった。それだけのことであろう。ベルクソンはベルクソンで、自分の観の目の呼び名として形而上学という名をよろこんで受け取り、伝統的な学問体系のなかに、観の目をみがく自分の努力を位置づけることができると考えたようである。かれの形而上学という語の使いかたから見て、そういうふうに見える。しかし、かれとかれ以外とでは、同じ形而上学の名で指すものがまったく異質であることは、じゅうぶんに注意しておいたほうがいい。

一六　記憶はどこに存在しているか

外部からの刺激が神経を通って知覚中枢に伝わる。さて、そのあとが問題である。もし、刺激が大脳皮質に伝わることによって、そこにイマージュを出現させるのであれば、記憶は脳の一機能であると主張していいだろう。しかしもし、運動は運動しか引き起こせないことが、脳においても真実で、物質による刺激は、イマージュを生み出さず、すべて身体の運動調整をすることで尽きていること、知覚という刺激は、身体に、ある態度をとらせるにすぎないこと、これが証明されれば、記憶は、もはや脳とは別のところに求めなければならなくなるだろう。すでに見たように、脳の損傷によって記憶に障害が起きるばあいを考えるとき、いま書いたふたつの仮説、記憶は脳の一機能だとする仮説と、記憶は脳から独立した存在だとする仮説、このどちらを支持すべきだろうか。

第一の仮説では、脳の損傷は、脳における発生状態の行動を阻害する、と考えることができる。ところが第二の仮説では、脳の損傷は、脳の損傷部位とともに記憶が破壊される。この仮説では、脳の損傷は、目の前の対象に対して、この対象と合流できるイマージュを記憶から呼び出すのに適した身体の構えを、とれなくしてしまうわけである。よって、「記憶と、現実とのむすびつきが、遮断されてしまうであろう」（一九七頁）。過去である記憶が現在に思い出される現実化の最後の段階、行動へつながる段階が、遮断されて、記憶が現在に浮び上がらなくなってしまう。要するにこの第二の仮説では、脳の損傷が記憶そのものを破壊するわけではない。

むろん、ベルクソンは第二の仮説をとる。しかし、記憶が脳の一機能でないとしたら、思い出すという働きや、ぼくが始終用いてきた「精神の努力」ということばで示唆したかった活動が、まったく明瞭でなくなることもたしかで、脳によって説明できないとすると、すべて比喩によって語らなければならなくなる。そもそも、脳という比喩によって精神を語ることをやめて、内省的にたしかめられる努力の事実に帰ってみたいというのに、比喩しか語る手段がないとは、困ったことである。

ベルクソンは第二の仮説をとるさい、脳ぬきで精神を思い描こうとして陥りがちな、比喩による思考を、いちばん警戒した。「ある特定の量の光のかたまりが、あるときは周囲に拡散し、またあるときは一点に集中するなどと考えてはいけない」(二〇二頁)。これが比喩だとわかっているうちはいい。しかし、ことばは使っていると、ことばのままに見るように人間を習慣づける。精神は光のかたまりだ、と喩えているうちに、輝く気体がひとかたまりに凝集したさま以外に精神を考えられなくなってくる。いやいや、そんなふうに物質として存在しているのでなく、精神というのはエネルギーなのだ、などといいかえてみても、事態はそれほどかわらない。ベルクソンには『精神のエネルギー』という著作があるくらいだから、精神をエネルギーと呼ぶことは見当ちがいではないだろう。けれど、ことばは、潜在的なものを意識へと化す働きである。現在でないものを現在へと引きずり出す働きであり、空間を占めない存在を空間化する働きである。けっきょくベルクソンのいうエネルギーは、エネルギーということばと、相容れないのである。これはおかしないいかたにちがいないし、どうもぼくは、ごちゃごちゃした遠まわりばかりしている。でも、精神について、記憶について、以上のような用心をおこたったら、ベルクソンの第二の仮説など、落書きで描けそうな、ごくありふれたつまらぬ説にしかならない。記憶を物質化して、光のような、気体のようなかたまりとして思い描いているかぎり、目の前にひろがるこの世界とそれとのむすびつきはさっぱりわからないままになる。極端にいえば、これでは、記憶は記憶というかたまりに閉ざされて、この世界との接点をまったくもてないのである。これでは、思い出せば思い出すほど、ぼくたちは記憶のかたまりの奥へ向かい、世界からは遠ざかることになってしまう。

だから、またここで立ち帰ろう。ベルクソンはこの世界を見る目をみがこうとしたのだということ、この、『物質と記憶』読解の一筋の糸を、忘れてはならない。「精神の働き、すなわち、同じ知覚器官が同じ環境にある同じ対象を知覚しているにもかかわらずますます多くのものを発見していく不思議な働き、これを説明しなければならないのだ」(二〇〇頁)とベルクソンはいう。記憶とともに知覚は深まる。記憶のなかへと深まることが、この世界に背を向け、記憶に閉じこもることだとしか考えられないとしたら、それは記憶を空間のなかで考えているからである。空間を占めないことくらいわかっているといいながら、どうしても空間のうちで記憶をひとかたまりに隔離して思い描いているからである。記憶はどこかにかたまって存在してなどいない。あえていうなら、記憶はつねに、ものと表裏をなして存在している。記憶のより深く、より遠い領域にぼくが問いかけると、そのぶん、知覚の細部に記憶の細部が投影される。この操作は、かぎりなくつづけることができるだろう。

「対象をじっと見つめてから、急に視線をそらすと、対象の残像が見える。この残像は、対象を見つめていたときからすでに生じていたと考えられないだろうか」(二〇四頁)。対象のイマージュの背後には、対象と類似性をもつイマージュ、なんらかの関連性をもつイマージュ、これらすべてのイマージュがひかえている。背後にひかえるこれらこそが記憶であって、これらすべてが知覚へ向かっていって、知覚のもつ物質性に養われて現在と化す。そういうふうにベルクソンは考える。

これに関しては、ミュンスタバークやキュルペの実験によっても明らかだとベルクソンは記している(二〇五頁)けれど、それよりなにより、イマージュの記憶が、あまりにみごとに知覚に忍び込んでしまっていて、もはやどこまでが知覚でどこまでが記憶か区別しがたいという事実が、すでにベルクソンの考えを支持していないか。この点についてベルクソンは、ゴルトシャイダーとミュラーが読書のしかたについて行なった実験ほどおもしろいものはない、と書いている(同頁)。この二人は、文字は一字ずつ読み取られるというグラスハイの見解に対し、読書とはそんな機械的な作業ではなく、精神の工夫に属する仕事であって、まさに予知能力の仕事だといえることを実証してみせたのである。かれらによれば、ぼくたちは文章を読むさい、じっさいにはすべての文字を見ているわけではない。ひろぼくたちは、文章のところどころしか、特徴的な文字だけしかひろいあげていない。ひろえなかった間隙は、すべて記憶イマージュで埋めているというのである。

記憶イマージュは紙上に投影され、じっさいに印刷してある文字にとってかわる。これをぼくたちは、印刷してある文字だと思い込んで読んでいる。錯覚といってしまえばそれまでだが、うっかりとか、たまたまとかいう種類の話ではなく、ことはもっと深刻である。なんども確認しなおして読んだが、さっきまではほんとうに、いまここに印刷してあるのとは別の文字が印刷してあったのに！　自分で自分が不思議でならなくなる経験だが、おそらく多くのひとにとって身におぼえのある経験だと思う。ものを見るというただそれだけのことでも、ガラスに物が映るのとはまったく別なのである。ものを見るとき、「わたしたちはたえず創造あるいは再構成している」(二〇六頁)。これを明かしてくれている実験だから、ゴルトシャイダーとミュラーの実験を、ベルクソンはおもしろいといっているのである。

一七　注意深く知覚するとなにが変わるか

注意深く知覚しようとするとき、ぼくたちになにが起きているのか。対象がぼくに感覚を引き起こし、感覚はそれに関する観念をぼくのなかに引き起こし、観念はさらに関係をもつ別の観念をつぎつぎと刺激し呼び起こす。と、こんなふうにぼくたちは考えがちではないだろうか。さきほどの、自分で自分が不思議でならなくなる経験は、もうほったらかして、さておいてしまって。対象の刺激から感覚へ、観念へ、知性の奥へ奥へ、と直進する知覚についてのこの考えかたの、どこが知覚の実証研究と食いちがうのか。そういう問題以前に、ベルクソンは、この考えかたに違和感をもっている。その違和感を、かれは、

「ここには直線的進行しかなく、これだと、精神は対象からますます遠ざかっていくばかりで、二度と対象へは帰らない」(二〇七頁)と表現している。こういう直線的プロセスに対し、ベルクソンが提出する知覚のプロセスは、回路を描く。知覚の対象を捨て去ったまま精神が観念のなかを進んでいくなどという、ある意味でのんきな状態は、おそらく、世の中という存在を軽視するだけでなく、自分の精神の存在理由をも不安にさせ、おびやかす。ベルクソンが考える知覚では、対象そのものも含めて、知覚のすべての要素が、ちょうど電気回路におけるように相互に緊張状態を強め合い、相互に存在感を深め合う。そして、対象から発するいかなる振動も精神の内部にとどまることはできず、対象そのものへと返されなければならない。

これをたんなることばの問題と見ないでほしい。問題は、知性の働きについて、両者が根本的に異なる考えかたをしているということなのである。前者の考えかただと、すべては機械的に、偶然に、つぎつぎとなにかが加わることで進む。したがって、この考えかたでは、注意深く知覚するばあいに、つぎつぎと精神のより深い領域から加わってくる新しい要素は、古い要素と結合しても、知覚全体を混乱させたり、変化させたりすることはないであろう。ところが、後者の考えかたでは、注意の働きは、精神と対象とをひじょうに緊密にむすびつけることであり、これはまさしく、閉じた回路をつくる。閉じた回路だからこそ、これよりもっと注意が深まった集中状態に移るためには、そのたびに、以前の回路を乗り越えていかなければならない。以前の回路を包み込んでしまうまったく新たな回路を、以前と共通なものはただ知覚の対象だけであるようなまったく新しい回路を、創り出さなければならない。(二〇七―二〇八頁)

ここで、ゴルトシャイダーとミュラーが読書のしかたについて行なった実験を思い出してみる。それは、読書するさいに紙面に記憶イマージュが投射され、じっさいに印刷されている文字に取ってかわることの実証だった。対象と精神、つまり、知覚イマージュと記憶イマージュは、つねに表裏一体なのであり、まさに、たがいを追って駆け回る回路をなしている。けっきょく、注意深く知覚するとは、知覚対象を存在させているますます広大なシステムを、精神全体の活動で生みなおすことなのである。こうして、「記憶の環が大きくされるにつれて、現在へのその反射は、対象の実在のより深い層に達する」(二〇九頁)。

ものを知るにはさまざまなレヴェルの知りかたがある。それは正しく知っているか、誤って知っているか、というちがいではない。たとえばそれは、年齢に応じて、同じ事柄でも理解の内容がまるで異なるといった種類のちがいである。こんな経験はないだろうか。大掃除で押し入れを整理していて、学生時代のノートが出てくる。いったいなにが書いてあるのか、掃除そっちのけで読んでみると、日記か、手紙の下書きのようである。当時の自分が、思いの丈をつらねている。あまりに幼稚で赤面してしまう反面、へえ、こいつ、こんなふうに考えていたのか、案外、いいことをいうじゃないか、とも思うのではないか。同じ事柄についていても、いま考えていることと、学生時代の自分がそこに書いていることは、同じようでいて、なにかまったく異なるようすが見いだせよう。いまの自分は、当時の自分とは、対象の実在のなかに立つレヴェルが異なっている。しかも、たんに、年を重ねたぶんだけ深いレヴェルに立てるようになったというなら、わかりやすいだろうが、ほんとうは、そういう高低差、大小差で示せるような、程度の差の話でもない。当時といまは、同じ対象に対してただ異質なのである。同じ対象が、記憶の働きのちがいによって、異なる姿で現われるのである。

一八　過去をさかのぼる努力

話をもどそう。注意しようと努力するとき、精神はつねに精神全体で活動する。論理的だの、感情的だの、客観的だの、主観的だのというのは、どれも部分的な働きで、その意味で部分にかっちりと納まって全体を越え出ようとしない機械的な働きであり、努力を知らない。集中状態のたびに、つぎつぎと以前の精神を越え、それを包み込むまったく新たな精神と化していく精神全体の活動こそ、努力にほかならない。そして、たがいに乗り越え破り合うこれらの精神活動の総体が、存在の異質な厚みをつくっていく。そのなかで、そのときそのときの精神は、自己を展開するために選んだ活動レヴェルに応じて、比較的単純であったり、複雑であったりする。その展開のスイッチを押すのは、ふつう、現在の知覚からの刺激であろう。しかしスイッチは同じでも、努力する精神がみずからとる緊張度に応じて、精神みずからが身をおく高さに応じて、記憶イマージュを展開することになるのである。

ところで、記憶イマージュは過去の事物の存続であるから、日付をもっていて、ぼくの過去の生活全体のなかにそれぞれ位置づけられている。その最後に位置づけられる、ぼくの記憶の最新のものが、現在をなし、ぼくのからだをなしている。脳はここにあるのである。脳は記憶が未来に突き立てた尖端なのである。記憶が脳のなかにあるのではなく、脳が記憶のなかにある。これが、ベルクソンのめざましい考えかたである。

さて、脳を越え出ている記憶イマージュは、もともと移ろいやすい。これを意識に、つまり現在に浮かび上がらせるには、ぼくは、この移ろう存在を物質化し現在化するための器となる態度をとって構えて、身体によってそれを引きつける必要がある。しかし、こうして記憶が身体の運動に近づくにつれて、記憶は記憶としての具体性から遠ざかる。運動の本性上、特定のイマージュに縛られない運動へ、つまり一般性へと行きつくのである。この、具体的なものの広大さと、一般的なものの鋭さとの相容れない関係は、目醒めてしまうと、たったいままで鮮やかだった夢がさっぱり思い出せず、冷汗や動悸などのある種の生々しい身体感覚が残されるのみであるのと、よく似ている。

記憶イマージュの環が、身体というもっとも小さな環へ引きつけられると、記憶は個性的な姿を収縮して平凡な運動と化して、ますます現在の知覚にぴったりと重なっていく。記憶らしさを失うことで。こういうと、記憶とは、けっきょくなんとむなしい、なんと不要なものだろうか、と思われてしまうかもしれない。けれど、記憶は、与えられたものの輪郭にさまざまな収縮のレヴェルの自分を投射し、重ねることで、そのものをつくりなすのである。じっさい、ぼくたちはものをよく見るために目を凝らすというものの、ものを目にして、それがなんであるかが鮮明に見えてくるのは、視覚の働きであるよりも、多くは記憶の働きによる。現在のもののイマージュを適切な収縮レヴェルにつくりなおしてくれる力こそ、記憶だといっていい。

ひとによっては、現在化されない、固定化されない記憶の、夢想と呼ばれる飛翔力、いいかえると、対象などなしで自由に描かれているイマージュの自立性、そういう性質ばかりをありがたがる。そして、あろうことか、ベルクソンがそういうひとたちの代表者だとされることがある。たしかにベルクソンは、記憶が本質的に過去であり、現在とは相容れないことを、うまずたゆまず論じた。過去のイマージュを、イマージュとして現在に思い描いたら、それはすでに現在化しているのであり、過去のイマージュではなくなっている、とまでいった。しかし、過去は失われるのではない。現在とはちがう異質な状態となって存在していると、ベルクソンはいいたいのである。そんなものがどこにあるのか、と文句をいうひとがいるかもしれないが、現在においてそれを示すことはできない。示すことはできなくとも、だれでもそれを知っている。記憶がそれである。ただ、そういう夢のような存在のなかを夢遊病者のように歩きまわるのは、ベルクソンが好むところではなかった。逆である。そういう、なにか内的な存在である精神が、いかにものを知りうるか。それも、いかに浅くも深くも知りうるか。かれがこれに答える基礎としたのが、現在が背負い込んだ異質なレヴェルとして存在している記憶の発見だったのであって、かれはけっして記憶のなかに引きこもったひとではない。あくまでもかれは、ものを観るひとであり、観の目をみがきつづけたひとである。かれはかれらしく、このことを、知覚と記憶の環を新たに創り出しつづけなくてはならない、というふうに表現した。これはさきほど見たとおりである。

第三章　この世界は幻ではない

一九　雑音をことばへと化すもの

ものを知るのにはさまざまなレヴェルがあるということを、いちばん納得できるのは、ことばについて、もっというと、ことばによってなにが理解可能かについて、反省してみるときかもしれない。ベルクソンは、ふたりの外国人が話をしているのを聞いている自分を、想像している(二一六頁以下)。ふたりはわたしの知らない外国語で話している。これを聞いて、わたしはかれらの考えを理解できるだろうか。とうぜん、できない。わたしが聞いているのも、かれらの耳にはいるのと同一の音波である。しかし、わたしには、これに区切れを見いだすことも、これをリピートすることもできない。混乱した雑音にしか聞こえないのである。ふたりの外国人は、この同じ雑音の連続のなかから、ちゃんと区切れたものを聞きわけている。同じ音を聞きながら、わたしとかれらとでは、どこがちがっているのか。

この、同じものに対する明らかな理解のレヴェルの差は、なにが原因なのか。その国のことばの知識があるかないかのちがいに決まっている。でも、ベルクソンは、そういってもなんの問題解決にもなっていないと感ずるひとだった。かれはつぎのように考える。問題は、ある国語の知識という、ふたりの外国人がそのなかで育ってきた記憶が、しかしけっきょく記憶にすぎないものが、いったいどうやって、現在の知覚のもつ物質的側面を変化させ、わたしと同じ物理的条件下で、わたしには理解しえないことを、かれらには理解させてしまうのか、という点である。ここには、ちょっと考えてみるだけで、意外な難問が隠れているのがわかる。

では、かりに、音の知覚に応えて、記憶がこの知覚を強めに来てくれる、と考えるとしたらどうだろうか。知覚しづらい細かな音まで知覚するための、拡大鏡として、記憶が知覚を補いに来てくれる、と考えるわけである。しかし、そうやって音の知覚をいくら増幅させていったところで、外国語が理解できるようになるなどということが起こるだろうか。雑音の細部まで強めてあげれば、ことばになる、なんてことは起こらないのである。ことばは、物理的にはただの雑音である。音が正確に聞き取れないから雑音に聞こえるのではない。どんなに正確に音を知覚しようとも、せいぜい強い雑音が聞こえるだけだろう。雑音をことばへと化すには、もっと積極的ななにかが働かなければならない。

ベルクソンの見るところ、失語症研究における理論家たちは、この問題をじゅうぶんに意識していなかった。かれらは、考えかたのどこかで、ことばは、物理的に見ても、シラブルや語の集まりとして存在しているとしてしまっていて、疑っていない。ところが、じっさいには、言語聾の患者は、自国語に対して、ちょうどぼくたちが知らない外国語に対するのと同じ状況にあるのであって、聴覚が健全であるにもかかわらず、ことばがことばに聞こえない。ぼくにとっての外国語と同様に、患者にとっては自国語も雑音のままにしか聞こえないのである。では、もともと雑音であるものが、いったいなにによって、単語やシラブルへと変ずるのだろうか。ことばでないものが、いったいなににによって、ことばへと変ずるのだろうか。

この問題は、ことばの意味は、たんに聴覚による刺激と、聴覚の記憶との結合だ、と考えていたら、ぜったいに解決できない。失語症の生じたわけを、脳の損傷によって、ことばの聴覚の記憶が失われたから、あるいは知覚と記憶の結合が絶たれたから、と説明しただけでは、なにを答えたことにもならない。ベルクソンの問題意識が、そんな説明に関心をもつはずもなかった。そもそもたがいに異質な、外からのことばと記憶イマージュとが、どうしてむすびつこうとするのか、そこが不思議だとベルクソンは考える。ふたつがむすびつくために乗り越えなければならない難題は、驚くべきものである。自分の思いをひとに伝えようとして、唸り声と身振り手振りで必死に暗示しようとするときの、どうにも乗り越えがたい原始的な断絶感を、ぼくたちは忘れがちだが、どんなに雄弁にしゃべれるようになっても、どんなに繊細で正確なことばを身につけえても、ことばの秘密はそこにある。

記号やら情報やらについての、よく聞く学問も、そこではなんら助けになってくれない。記号というが、だいいち、ある単語の聴覚イマージュは、はっきりした一定の輪郭をもつものではない。同じ単語でも、異なった声で発音されたり、あるいはたとえ同じ声であっても異なった高さで発音されたりすれば、それらはもう、音としては別物だからである。したがって、ひとつの単語に対して、音の高さや音色の数だけ、その聴覚記憶はある。これらがすべて、脳につめこまれていて、そのひとつひとつの記憶が、対応する声の知覚を自分の記号としているというのだろうか。それがすでに考えがたいが、かりにすべてが脳にためこまれているとして、こんどは脳は、それらのなかから知覚とむすびつけるべきものを選び出さなければならない。いったい脳は、どんな根拠で、それらのうちから選ぶというのだろう。

こういったことをひとつひとつ考えていくほど、記憶というものが、脳という容れ物に、自発性のない、不活性な「物」としてたくわえられていると仮定することの不都合が見えてこないだろうか。脳がどんなにすぐれた処理能力をもとうとも、「物」という外的相違として存在するものに、内的類似としての意味をとらえることなどできはしない。この点については、ことばというのは観念的存在、類概念だよと、教えてくれるひともいるだろうけれど、そういう類型化を行なうなにか能動的な存在をとことんつきつめて、たなごころに示すように納得したい、というのが、ベルクソンの考えかたである。同じ単語に対しても、それこそ無際限に異なったイマージュがある。データが集まるにつれてそれらの共通点が見いだされ、類型化される、ということは、物質の世界には起こりえない。別の声で発音されれば、それは新しいイマージュを形成し、他のイマージュたちにただもうひとつイマージュを付加するだけだろう。

さらに厄介な問題としてベルクソンがもちだすのが、単語というものについての問題である。単語という存在が現われるのは、単語を取り出す力のある者に対してだけであって、この物質の世界に、単語という存在はない。取り出せるのだから、もともとそこにあったのだ、などという議論は、ずれている。雑音のかたまりのような声のなかから、どうやって単語が切り離されるようになるのかが、ベルクソンのいう問題である。

いまここにぼくが書き連ねていることばにしても、これを物理的に単語に切り分ける根拠などどこにもない。物理的には黒い筋がいっぱい絡まったものがいくつもならんでいるわけで、このならべかたや、また筋の絡ませかたに、どれが正しくどれがまちがっているといった区別があるということさえ、物理的にはまるで説明がつかないはずである。まして、これが単語のあつまりであるか、ただの黒い汚れであるかなど、物理的に決定するすべはまったくない。

かりに、雑音のかたまりでなくて、単語のあつまりが話されているのだとしよう。しかし、ことばのなかにあっては、単語は、他の単語たちと関連しており、他とともに構成していることば全体の運びかたやテンポに応じて、さまざまなニュアンスを帯びる。したがって、たとえこの単語の雛型となるようなイマージュが記憶されていて、外から同じ単語が聞こえてくるのを待ちかまえているとしても、文全体が聞こえてきたなかにあるこの単語は、再認されることなく、そこを素通りしてしまうだろう。じっさい、外国語の学習のために単語帳で暗記した孤立した単語と、これを外国人が生き生きとした会話のなかで話す有機的なことばとのあいだの、どこに共通点があり、どこに接点があるというのだろう。

二〇　観の目のプレリュード

いま見てきたように、会話または文を、雑音や黒い筋のかたまりとして見るレヴェルがあるし、テンポや区切れをもつ運動として見るレヴェルがある。ふたつは同じではない。そして、テンポに乗ることは、明らかに、ことばの再認の端緒をつかむことである。それでじゅうぶんであるかはともかくとして、再認の必要条件ではありそうである。

スポーツの観戦をしていて、あまりに一瞬の出来事で、なにが起きたのかわからない、ということがある。テレビで観ているのなら、スローモーションで再生してくれるから、それによってようやく事が理解される。スローモーションは、ひとことでいうなら、選手の動きを分解して示してくれるわけである。しかし選手どうしは、たがいのその一瞬の動きに対応して試合をしている。ぼくには観えないものが、選手には観えている。この観の目は、どのようにして得られているのか。

選手にとっては、ある動作、ある技を知るとは、それを身につけることにほかならない。そのためには、ぼくがむかし剣道の稽古でしたのと同じように、まず運動全体を外から見えるままに模倣してみることからはじめたのかもしれない。はじめはぜんぜんこつがつかめず、その運動全体がつかみどころがなく、明確さを欠いて知覚され、まねようとしても混乱してしまう。この混乱にすでにひそんでいるものをベルクソンは分析している。「イマージュを再構成しようとする運動は、筋肉のたくさんの収縮や緊張から成り立っているし、わたしたちがこの運動についてもつ意識には、多種多様な曲げ伸ばし運動から来るたくさんの感覚が含まれている。したがってイマージュを模倣するこの混然とした運動は、すでにイマージュの事実上の分解である。この運動は、いわば自分自身のうちに分解すべきものをもっている。反復練習から生まれる進歩は、このはじめは隠れていたものを表に出し、要素的運動おのおのに、他の要素的運動との連帯を保ちながら、確固とした自立性を得させることにほかならない」(二二〇頁)。

反復練習することによってある動きが習慣となり、獲得される。しかし、そこまでになるあいだ、いつも同じ動きを反復してきたと考えたら、大まちがいである。同じ動きの反復練習であったなら、最初の混乱状態がたんにくりかえされるだけである。ところが、混乱した運動と見えても、そこにはすでに、さまざまな相が隠し持たれていた。それらは、プロスポーツ選手たちにとってだけでなく、ぼくにとっても、はじめに与えられていたものである。ぼくは、こういう混然とした状態のなかで、混然とした見かけだけをまねたところで努力を打ち切ったのだろう。いや、もしかしたら、それほどまねる気もなく、それらしきもっと楽な動きへ、疲れに反応したゆがんだ動きへ、さらには痛みや恐怖に反応した縮こまった動きへと、獲得すべき動きをすりかえていって、滑稽なくせを身につけて終わったのかもしれない。ちょっとでもその獲得すべき動きを反復するつもりになれば、つぎのようなことがわかったろうに、といまは思う。

反復のほんとうの役割は、まず分解すること、ついで再構成すること、こうして、身体の理解力に訴えることである。反復は、新しく試みるたびに、隠れていた運動を展開し、そうして、身体の注意を、いままで気づかずにいた新しい要素に向けさせる。反復によって、身体は、区分し、整理し、主要なものにアクセントをつけ、運動全体のうちに、その内部構造を示す輪郭をひとつひとつ見いだす。この意味で、運動は、身体がこれを理解して、はじめて身についたといえる。(二二〇—二二一頁)

ことばの獲得もスポーツの訓練に似ている。語学はもちろんのこと、数学や物理学といった科目であっても、たんに聴講したり講読したりしてわかっただけでは話にならないといわれる。第一級の物理学者である高橋康や江沢洋といった先生がたは、かならず紙と鉛筆を用意して何度でも手を動かしてみることを学生に勧めている。「型」の練習をあなどるなかれ。いわゆる思考といわれているものも、そのほとんどの部分は、ことばの訓練によるといっていい。けっきょく、考えるということは、日常的なレヴェルにあっては、聞こえてくることばや読んだことばを区切り、ことばとしての輪郭を際立たせることなのである。

外からことばを受けるのにともなって、ついつい、運動がいまにも現われる寸前になり、舌や唇や喉頭や胸郭筋やあるいは目や手にまで、まだ発生状態とはいえ、たしかに運動が感じられるものである。この、感覚－運動メカニズムをなぞる下絵状態の運動に、まだ意識的な記憶の介入はいらない。リヒトハイムの観察では、ある症例において、患者は転落事故の結果、語の音を発する運動を組み立てる記憶を失い、自発的に話せなくなっていた。それなのに、ひとからいわれたことは、正確にリピートすることができた。別のケースもあって、自発的に話すことならできるのに、いわれたことをなにも理解できない完全な言語聾の患者が、やはりそれをリピートすることはできた。いずれの患者にも、リピートする能力がある。ここにベルクソンは、機械的に、おそらく無意識に、聞こえてきたことばを反復する現象、耳からの感覚がそのまま発語運動に変換される現象を見ている。これはおそらくだれにでも起きているが、言語の障害者のばあい、このようにそれがむきだしになって現われるため、ぼくたちを驚かせるのである。

ぼくたちは、ことばをよく理解しようとして集中しているときは、相槌を打つどころか、喉の奥でほとんど復唱しながら、話を聞く。相手の話す調子をまねることが、話を理解することだといわんばかりである。たぶん、この運動が、言語活動の基層である。

外から来ることばは混然とした音の連続であり、これを受けとる身体の感覚‐運動メカニズムが、これをことばへと分解する。このメカニズムを損傷すれば、聴覚は健全であるのに、ことばがことばとして理解できないという言語聾を引き起こすはずである。ベルクソンは、アドラーやシャルコーが奇妙な症状を報告していることを取りあげている。アドラーによれば、ある言語聾の患者たちは、しっかり聴覚を保っているにもかかわらず、どんな大きな物音にも無反応だった。かれらには、音に反応する運動がないわけである。シャルコーが診た患者は、時計の打つ音はよく聞こえているのに、それがいくつ打ったか、数えることができなかった。おそらく、打った音をリズムづけて分解する感覚‐運動メカニズムに障害があったのである。さらにベルクソンが付け加えている別の言語聾の患者は、聞こえてくることばを理解できなかったが、かれに向かって各単語を何度もくりかえして発音してあげたり、シラブルごとに区切って発音してあげたりすると、理解力を回復した。こうして、患者の感覚‐運動メカニズムの弱った働きを補強してあげたからにほかならない。こうして、それまではただ与えられただけの、雑音にすぎなかったものが、ことばとなる。

しかし、重大なことがある。いま述べた発語運動の下絵ともいうべき状態は、ぼくたちの知覚のほんの尖端部分を形成する一要素にすぎない。ことばの知覚全体は、混然とした音のかたまりからこの尖端へと向かうひとつの傾向として存在している、というところが重要なのである。シュトリッカーは、耳で聞いたことばに対する、身体内での完全な反復があると考えてしまった。ベルクソンはこれに反撥している。知覚の尖端をたえずつくりなおしては、そのたびに知覚全体の調整を改めてするぼくたちの努力の芽を、シュトリッカーの考えはつみとってしまうだろうからである。たしかにまだ芽ではあろう。けれども、この、身体内での調整運動は、自発的に注意深く行なおうとする再認の、プレリュードを奏でていよう。「この運動は、意志と、自動的運動との、境界線を示している」(二三〇頁)。とはいえ、まだ芽である。観の目にまでは、まだ足りない。

やがて、外界の対象は、これと対称的な位置を占める記憶がいっそう深まるにつれて、ますます深い部分を現わしてくる。いま問題にしている例でいうなら、ぼくが知ろうとしている対象は、話し手である。話し手のもつ観念は、話し手の意識のなかで、聴覚イマージュに展開され、これがさらに発声運動へと展開されて、ことばとして現実化していた。したがって、ベルクソンのいうとおりならば、話し手を知ろうとする聞き手のぼくは、まずは話し手のもつ観念と対称的な位置にあるみずからの観念に、一挙に身をおかなければならない。そして、この観念を自分のうちで聴覚イマージュに展開するのである。こうして、聴覚イマージュに展開された観念が、感覚‐運動メカニズムにはいりこんで運動の下絵を描く。これが、他方の、話し手が発した外からの雑音をことばへと化す運動の下絵と、ぴったりと覆い合ったとき、話が理解できたことになる。ひとの話を理解するとは、それをこころのうちで再構成することなのである。こころから出発して、それを、対応するものとしての音に展開しなおし、ことばとして構成しなおすことなのである。「この働きによって、精神は自己の水準を調整し、受けとった知覚に対してこの知覚の遠近さまざまな原因と対称的になる点をみずからのうちに選び、受けとった知覚へとイマージュをはいりこませてこれを覆うのである」(二三二頁)。

具体的な例を観察してみたほうがいいかもしれない。ベルクソンがあげている、とっておきの例がある。典型的な失語症の症状は、みごとに順序を守って、固有名詞の忘却からはじまって、普通名詞、そして動詞の忘却へと進んでいくという。これをどのように説明できるだろうか。もし、ことばのイマージュが脳にたくわえられているのなら、この病気は、脳に格納された品詞のならびかたに合わせて、いつでも脳内を同じ順序で侵して進む奇妙な病気だと考えなければならなくなる。が、この病気が示唆しているのは、記憶を現実化するのにはそれを支える運動の下絵が必要だ、ということではないのか。記憶が、眠れる状態から、記憶イマージュとなって現在へ思い出されるためには、できるだけ身体的態度へはまりこもうとする精神的態度がとられなければならない。その点、動詞はもともと動作を示しているから、言語機能が消えようとしている病のなかにあっても、身ぶり手ぶりによってもっともとらえやすい。固有名詞はそうはいかない。固有名詞はもっとも身ぶりから遠い。言語機能の低下によってまっさきに消えていくのが固有名詞であるというのは、よくわかる。ど忘れした名前を思い出そうとして、ぼくたちも苦労し、そうなると、あらゆる身体的運動を総動員しないだろうか。たしか「ず」の音がはいった名前だっただとか、上がって下がるイントネーションの名前だっただとか、ある動作を連想させられる名前だっただとか、求める名前のかわりに、それに対応するあらゆる部分的動作を思い浮かべて、ときには、それらしき発音をじっさいに声に出して行なってみて、必死に記憶の全体的な態度を決めようとする。だれかがその名前の最初の一文字を聞かせてくれればいちばん早い。その発音がたちまち名前の記憶を引きずり出してくれるから。

こういう例でぼくはなにをいおうとしているのか。ベルクソンは、思い出す、再認する、納得する、という働きが、外部から印象を受けとるだけでは起こりえないことを、一種独特の執拗さで論じつづけたひとだった。ぼくがいいたいのは、そこがベルクソンをつかむ急所だということである。機械的に、受動的に、ものを知るなどということは起こりえない。むしろぼくたちは、対象に応じ、対象の動きそのものに応じ、努めてある態勢に身をおくことからはじめているはずなのである。まさに精神の調子を調節する心的努力からはじめている。話し手のことばのリズムとイントネーションとを際立たせた運動の下絵が、ぼくの努力に道筋を示し、努力の手がかりをくれる。一般には、こんなふうには考えられていない。ほんとうはベルクソンのいうことのほうに思い当たるふしがより多くあるにもかかわらず。なぜか。

理由は簡単である。ぼくたちは対象に応じようとする努力を省き、対象の個性を織り成している運動のかわりに、変化のない事物だけ見てすませようとするからである。日常生活も、仕事も、一般に思考といわれているものでさえ、この種のおさえがたい傾向のひとつにすぎない。見の目だけですませて条件反射で生活していければ便利である。条件反射がぼくたちを駆り立てる。したがって、どうしてもぼくたちは、聞こえてくる音そのものを忘れて、雑音でなくちゃんと分離された完全なことばがやってきて脳のなかの聴覚イマージュの記憶を呼び起こし、聴覚の記憶は観念を呼び起こす、と考えてすませてしまう。じっさい、これほど説明に適した考えかたもない。

しかし、説明は説明である。ぼくたちは、ほんとうに相手を知ろうと思ったら、一挙に観念から出発してことばへ到るために、まず精神的態勢を調節する努力を、かならず行なっている。これが、これだけが、ベルクソンにとって問題のすべてだったのであり、自分が人間であることの手ごたえだったのであり、自分が自分であることの手ごたえだった。

身体も感情も論理も、すべて機械的な動きを現わす。洗練されていようと、粗雑であろうと、これらは記号のようなものである。記号が記憶を、記憶が観念を、とつぎつぎと呼び起こして結合していくことなど起こりえない。反対に、記号という現在化の方向へ向かって、ぼくたちは精神として立ち、出発するのである。ならば、こんなことまで考えられる。どんなに感情や屁理屈に、つまり記号的なものに引きずりまわされて凝り固まったようになったひとでも、ときに、なんと細やかに、なんと迷いなく、精神の努力を示すものだろうか。それどころか、どんなに欲や感情や思想といった機械的なものの猛威に打ち負かされて罪を犯すと見える悪人でも、その裏で、ほんとうはこころを尽くして自分で考え抜いたうえで犯罪におよんでいるのだとしたら。『罪と罰』のラスコーリニコフは、あらゆる機械的に進むものごと、みずからするのではなくさせられること、みずから考えるのでなく考えさせられることを、徹底して嫌悪した。かれの犯行はそんなこころの発露であった。そのはずであった。ところが、なされた犯行はかれがもっとも嫌悪する陳腐なものとなって終わった。なぜだろう。現実化すると、なぜすべてはこうも滑稽になってしまうのだろうか。

すでにことばが、下絵であり、図式であり、記号であるにすぎなかった。だからこそ、ことばは、そうやって表に現わしているよりもはるかに多くのことを隠し持っている。こんなことは、だれでもこどものころから耳にたこができるくらい聞かされてきた話だろう。しかし、これを、「現われたことばはけっきょく事物にすぎないが、思考は運動なのである」（二五〇頁）とまでいいかえてみせたのは、ベルクソンしかいない。

二一　こころの耳

知覚があり、記憶があり、というふうにふたつを静止状態の事物と見なし、知覚は記憶をよそに、すでにそれだけで完全である、と信じて疑わない。それがぼくたちの、ものを説明してみせようとするときの態度といえる。けれども、現われている知覚はたしかにすでに事物だが、ぼくたちは、この知覚をつくりあげるために、ほんとうは、記憶から記憶イマージュへ、記憶イマージュから知覚へと進展する運動に努めたはずである。完成した明瞭な知覚は事物にすぎないということは、知覚は、現在となって現われているよりもはるかに大きな存在を背後に隠した、ということを意味する。もしも記憶という、そうした背後の存在がなかったなら、ぼくたちには、つぎつぎに生じる受動的感覚と、それにともなう機械的反応があるだけということになるだろう。

しかも、この背後の存在たる記憶にせよ、もしもたんなる存在として記憶の状態にとどまるのだったら、現在に対して無力なままであり、現在にとってそもそもないのと同じである。記憶は知覚に向かって進展するとき、初めて能動的である。ここからして、明瞭な知覚というものは、事物である以上に、運動として生じるのである。外界からの雑然たる刺激が、リズムとイントネーションを際立たされた運動の下絵へと結晶していく。そんな流れがある。けれど、その裏では、いつでも、驚くほど絶え間ない記憶の運動がその流れを調整し、支持しているのである。

すなわち、一方の、求心的な流れは、外界の対象から来る。他方の、遠心的な流れは、純粋記憶を出発点としている。この第一の流れは、それだけでは受動的な感覚と、それにともなう機械的反応を生じるだけである。第二の流れは、それ自身ではっきりとした姿をとる記憶を生み出そうとしていて、記憶というものは、この流れが強ければ強いほど、過去に眠ることをやめてますます活動的になっていく。これらふたつの流れが向かい合い、ただの知覚でなく明瞭に再認された知覚を、その合流点で形成するのである。（二五五―二五六頁）

耳だけではだめで、こころの耳がなければならない、とベルクソンはいうのである。ところで、肉眼に対して心眼を、耳に対してはこころの耳を、対称的に位置づけて口にすることとくらいなら、だれでもしている。が、自分が口にしている心眼を、じっさいに真剣に受けとめて口にしているかは、疑わしい。あの世など信じていなくても、いくらでも、あの世ということばを日常的に使用する機会はある。これと同じで、心眼もこころの耳も、信じていないのにまじめに口にされている。だいたい、この、こころということばが、そうである。では、その、あなたのおっしゃるこころとやらは、ほんとうに存在するものなのですか、などとしつこく問いつめたら、怒られるだろう。答えが返ってくるにしても、けっきょくのところ、こころなど脳の働きにすぎなくとも「こころがこもっている」だとか、「こころがひろい」だとか、「こころがきれい」だとか、そんないいかたをしたくなるときが生活のなかにはあるだろう、といわれるのが落ちだろう。ベルクソンは、こころということばは、たんにことばであるだけでなく、たんに慣用句として使われているだけでなく、物質と対称的に位置づけられる存在状態をついにつかんだ内観による証言だと見ている。こころとは、内観が証言している事実だ、というのである。

もしそう見えないとしたら、それは、かれが摑んでいるこころというものが、ぼくたち現代人の病的で、せわしなく主張する、不安なこころとは別だからである。ぼくたちのこころは、じつはこころという根をもっていない、ただの反射運動みたいなものなので、黙っていることを知らない。しゃべりたてて、観察を絶え間なく呼び込み、自分を外的事物のうちに解消している。けれども、ベルクソンは、こういう自分たちにも、心理学的説明などではまったく歯が立たないような性質があって、それが、ぼくたちがこころだと思い込んでいるものを支えるほんとうのこころであることを、発見して見せてくれている。それはぼくたちのためではない。かれ自身のためだったにちがいない。なぜか。それは、説明あるいはおしゃべりという条件反射に身をまかせて生きる傾向は、人間という種として自然だが、こころの発見は、この傾向をさかのぼるめいめいのこころの努力と同じだからである。ベルクソンは自分のなかに現われるこの人間の自然から、このさかのぼるべき坂から、目を離さなかった。

小林秀雄は、現代小説に足りないものは沈黙である、といった。ぼくたち現代人は、対象を見つめるよりも、つい説明したがる。説明という条件反射を条件反射とも思わずにいる。外へ向かって自然をむしばんで生きているぼくたちなのに、内へ向かってはこうして知性の自然を野放しにしている。小林はまた、美はひとを沈黙させる、とも書いている。解釈やことばなどを、いっさい拒絶しているなにかを、なんど見ても見たりない、なんど聴いても聴きたりないとき、ぼくたちは内に精神の努力を経験しているのでもある。自分の半身はことばで、もう半身は沈黙でできているということを発見しなおすことは、すでに見の目に加え観の目で見はじめることと等しい。武蔵は見の目とともに観の目をみがきつづけたが、それがベルクソンのしたことでもあった。

二二　武蔵はわが身ひとつで戦った

ベルクソンの仕事がぼくたちのためにもなるとしたら、ぼくたちが自分のなかに自分の観の目があることを知る努力をするときでしかない。

通常は、人間は印象から出来合いのことばへと転げ落ちて、それによって自分を外的事物と化し、そうして広がる世界から、あれこれの知覚を拾い上げたり、捨てたり、分割したり、組み合わせたりと、論理や感情という条件反射が作動するままに、知覚を加工して得た概念へと飛び上がらざるをえない。あえていえば、黙した自分を捨てたとき、知覚のなにかが失われたのである。ほんとうにものを知ろうとするなら、ものを捨てて飛び上がるのでなく、知覚の尖端で、注意力の平衡状態を生み出しつづけなければならないのに。知ることを忘れはてた人数分だけ発明された概念のシステムが、主張し合って、争いはじめる。ぼくは学者のことだけをいっているのではない。これは、日常的に、ぼくが、そしてだれもがしているし、されていることである。

反射運動のシステムと化したぼくたちは、歩きかたひとつをとっても、知らず知らずのうちに、ひとより前に出ようとするし、ひとを押しのけ割りこもうとする。なにも急いでいるからではない。条件反射でそうしてしまうのである。つまり、システムはゆずりあわず、小さな権力闘争をせずにいられないわけだが、これに精通しているのが政治家で、かれらは犠牲をいとわず足を引っ張り合い、ただこのちっぽけなシステムの面子を保つ駆引きにとりつかれて、そうすることで、政治をたいした仕事だと思い込んだ妄想家である。

ぼくは、大衆という日常的に出会う小さな政治家たちの強大な群れが、大嫌いである。この巨大な怪獣は、ひとりひとり沈黙した自分へと自分をおきなおそうとしないかぎり解体できない盲目の機械であって、他人を征服したがる反射運動のシステムが集まることで動き出し、動き出したらだれにも制御できない情念の興奮状態におちいる。こんな社会のまっただなかで、政治的マスコミ的言辞から人生観へ、ことばから沈黙へ進もうとすれば、どうしてもある種の切なさを経験しなければならないだろう。これは自然状態にさからうことになるから。しかし、自分の半身をとりかえそうとするなら、この切なさのなかにしかない。ベルクソンはいう。「それは、経験の根源へと経験を探しに行くこと、もっというと、経験がわたしたちの行動にとって便利な方向に屈折していわゆる人間的経験となってしまう、この決定的転回点を越えて、経験を探しに行くことである」(三六〇—三六一頁)。見の目の向こうへ。この方法は、ぼくたちがものを知ることの出発点であり、終着点である。

宮本武蔵の独行道のなかの一条に、こうある。「我事に於て後悔せず」。後悔しないように一生懸命に生きることを説いた処世訓なのだろうか。そうではないと思う。後悔やら反省やら自己批判やらによってことばへと解体した自我などにごまかされることなく、武蔵はもう半身の沈黙に聞き入っている。ベルクソン同様、武蔵もまた、おしゃべりな自己をしりぞけて、自分という本体に出会うことと「経験の根源へと経験を探しに行くこと」とがひとつであるような、努力するこころの緊張感に、ひとり耐えている。

しかし、こういう企てはなんのための企てなのか、と首をかしげるひとも少なくないと思う。現代社会というますます生きることが困難になっていく巨大な群れのなかでは、負けずに自我を主張すべきなのであり、いったい、他人を押しのけ一歩でも優位に立とうとすることの、どこがまちがっているだろうか。まちがっていないどころか、ぜひ現代人が身につけていかなくてはならない生きかたではないだろうか、と。それに対して、ぼくは答えることばを失うしかないが、あえていうなら、武蔵は、それでは勝てないことを身をもって知っていたひとだったと答えたい。わが身ひとつでほんとうに戦っていこうとするなら見の目だけではだめで、どうしても観の目を強化しなければならなかったという、この達人のほうを、ぼくは信じたい。

優越感のこぜりあいを生きる方法としているぼくたちは、じつは、勝つなどといって、世間に甘えさせてもらっているからそんな生きかたをしていられるだけである。武蔵は、勝つ行為しか信じない。優越感によって勝つなど、戦うことさえやめている。兵法はそんな妄想のうちにはない。勝つには、じっさいの行為によって、わが身ひとつによって、勝つのである。勝つ行為をみがくじっさいの工夫と実戦を通して、武蔵は禅からも神技の秘伝からも超能力からも抜け出た境地で、ものを直接に徹底的に思索したといえる。ついに、かれにとって、知るとは勝つことでなければならなかったのだが、頭でわかったつもりになっただけの知りかたなど、まるで実用にたえないというわけである。ものを知るなら、わがこころとからだとでほんとうに納得しなければならない。これを、かれは、兵法家らしく、「勝つ」ということばで表現した。勝つとは、見の目を条件としたぼくたちが、観の目を働かせることにほかならなかった。

二三　ベルクソンの動機

ところで、知覚に主観的性格を与えているのは、この観の目だといっていいから、客観性を掲げて科学者が知覚を研究するなら、まず目指すべきは、この観の目を知覚から排除することだろう。しかしそうするのなら、こう付け加えなければならない。観の目は原理上、物質とは完全に独立した能力なのだ、と。ところが、物質によって、つまり脳によって説明できない能力の存在を認めないひとには、観の目は肉眼に還元して説明すべきものと思え、そのため、どうしても、観の目と見の目に、本性上のちがいを認められず、両者に強度のちがいしか認めないことになる。

こころの眼と肉眼のちがいを、記憶と知覚のちがいとして、ベルクソンは論じたのだが、かれが観の目と見の目という語を使って論じたとしたら、こういういいかたになるだろう。わたしたちは、両者にたんに強度のちがいを見てすませてしまうから観の目の存在を根本的に損ない、観の目をみがくどころか、ただこれを、知覚を気取っていいかえた呼び名ぐらいに思ってしまう。しかも、こうしてたんに強度のちがいしか認めていないことによって、土台となる見の目が観の目によって損なわれるということまで起こっている、と。どういうことかというと、逆に知覚を、あたかも記憶のように、ひとつの内的状態として考えてしまうことになりかねないのである。ぼくたちが見ているイマージュなど、ひとりひとりの自己が化けた幻にすぎない、というわけである。

知覚を説明しようとすると、実在論者であろうと観念論者であろうと、主観的状態を考えてしまう。実在論者は、だから存在はぼくたちの主観の外にあるというし、観念論者は、だから存在は主観のなかにしかないという。いずれにしても、意識をつくっているのは脳だと信じて疑わなかったために、イマージュを存在でなく頭のなかのつくりものとしてしまい、けっきょく、ぼくたちが見ているもののイマージュと、ものそのものとの接点を、見失わざるをえないのである。ベルクソンはこれをどうしようとしたか。

かれは、見の目を救えれば同時に観の目を救うことになると目論んだ。しかし、じっさいには、かれは、観の目を救わなければ見の目さえ救えない、という逆の手つづきをとる。見の目という土台がさきか、あとか、が問題である。とうぜん、まず土台がないことには観の目ははじまらない、と考えられるが、しかし、ほんとうにそうなのか。いったい、土台とはなにか。この議論には最後にもどらねばならないことになるだろう。まずは、あえて、観の目と見の目のふたつの救出が別々でなくからみあっているということだけを強調するなら、かれはこんなふうに目論んだといえる。記憶が脳を越えていることを示すことで、脳がイマージュを生み出す道具ではないことを確認すれば、知覚がもつほんらいの性格を回復させられ、逆に記憶を知覚との混合状態から救い出すことが完了する、と。

つまり、記憶はほんらい、知覚にこびりついてこれを損なう不純物などではないのである。記憶のもっとも純粋な状態は、思い出されず、現在化されず、形あるものへと展開される以前の存在であるし、知覚のもっとも純粋な状態は、ぼくたちの現在の身体とこれを取り巻いてひろがっている存在である。前者を精神と、後者を物質と呼ぶならば、精神はほんらい、物質にこびりついてこれを損なう不純物などではない、といえる。

精神は物質から独立している。混じり合わない異質な存在どうしなのである。ということは、物質にこびりついたヴェールを除き、物質を損なうことなく物質に深まるものも、精神にほかならないし、自分をがんじがらめにしている物的惰性をふりほどき、自分を自分におきなおすものも、精神にほかならない。なんのために、精神はそんなことをするのか。それは、ものを深く知りたいからである。知るということは、他人が知るのでなく自分が知るということをその本質に含んでいる以上、たとえひとから見たらありふれたつまらない事柄であろうとも、ちゃんと納得しておきたいからである。これは勤勉なひとの特権ではない。どんななまけものであっても、他人が説明しているのを聞いていると、知ったふうなことをいうな、と違和感を覚えて首を縦には振りたくなくなるような事柄を、ひとつやふたつは自分の宝物にして抱えているものだろう。学者による説明に違和感を覚えた学者、それがベルクソンなのである。ベルクソンというひとは、ただこの違和感だけを動機として思索したひとだといっていい。ものを知る知りかたには、さまざまな深さがある、という『物質と記憶』のテーマのごときものは、このことをいっている。

こういうしだいであってみれば、ベルクソンにとって記憶理論の完成など、じつはどうでもよかったことがわかる。記憶は脳の機能などでなく、記憶は脳をあふれているということ、もっといえば、記憶の総体のなかの、過去から現在へと突き出たほんの尖端部分がぼくの身体であり脳にほかならないということ、これが実験によって検証できてしまうなら、それでもうベルクソンは、「ほら、わたしたちは脳が見せる幻影のなかで生きているのではないのだよ」といいすてて、先に進んでしまってよかったのである。しかし、記憶という実在の本質、現在でない存在だという過去性が、これを直接検証することを不可能にしている。よって、まわり道に耐え、時間に耐えて、ただひとつの思索を保たなければならなかった。ということは、この検証不可能性がまた、ベルクソンの著述の根本的動機を形づくってもいるということになる。『物質と記憶』を書くことによって、ベルクソンの動機はますます反芻を要した。動機が試練によって摩耗されることなく、育てられた。そのさまが『物質と記憶』には現われている。ぼくはこのエッセイで、たんにその動機のありかを示してみようとしただけである。

二四　知覚することは存在すること

知覚するとき、ぼくは文字どおりぼくの外に身をおいていて、直接に対象の実在に触れている。これが、ぼくたち存在しているものにとっての、大前提である。なにも特別なことではない。手にとったコーヒーカップが、ほんとうは五感が作り出したただの映像だと思いながら、コーヒーを飲んでいるひとなどいない。それに、どんな厳しい物理学者も、自分の研究対象が脳による思考のなかにしか存在していないものだとは思っていないだろう。脳はコンピューターで、ぼくたちにとって世界であるものはヴァーチャルな空間にすぎないだとか、たとえるならば外界にはただの音符があって、脳がこれを音に変換しているのだとか、想像をたくましくすることは可能だが、ならばなんのために脳は、わざわざ、ありもしない世界を与えるというめんどうな変換をしなければならないのだろう。生まれてこのかた自分が身をおいている外界で、ぼくたちは立ち上がるのである。

ところで、こうして外界に身をおき、あらゆる物体の、あらゆる場所からの作用をすべて感知し、そのすべての作用に反応することは、みずからの身を物質の状態へと落とすことだろう。そんなことはないさ、人間は、押せば動く物質とちがって、作用に対して運動しているだけでなく、状況に応じて感情を掻き立てられる存在ではないか、といったところでむだである。あえていうが、感情は、身体を運動させる原因になれないのだから。つまり、感情もまた結果にすぎない。作用に対して反応している身体の状態にすぎない。ぼくたちは、怒りによって、鼓動を強めたり、こぶしを握り締めて震わせたり、声を裏返させたりしているのではない。こういう機械的な反応に陥った状態を解釈して、怒りと呼んでいるのである。悲しみのあまり、心拍が衰えて、全身の力を失うのでも、喜びのあまり、心拍が盛んになり、全身に力がみなぎるのでもない。こういう身体の状態を解釈したものが、悲しみであり、喜びなのである。感情に身をまかすことは、じつのところ、少しもこころ豊かなふるまいではない。物質の状態あるいは機械の状態に身を落として、こころがお留守になった状態なのである。その意味で、身についた習慣や、脳に沁みついた論理に身をまかせることも、同様に、思考がお留守になった状態なのである。そういう状態のひとを目にする機会は多く、ぼくはとても醜いものを見た気分になる。ベルクソンが感じていた違和感はこういうものであったろう。アランが、ものをとらえるためには、かえってものから身を引き離してみる必要がある、といったのは正しいと思う。ここでもぼくは、見の目だけではだめで、見の目とともに観の目を働かせなければならない、といいたい。

そうしないと、見の目があるということによってすでにぼくたちは外界に身をおいて外界と直接に触れている、ということすら、忘れてしまうから。この世はヴァーチャルな空間にすぎないのではないか？　などという空想から、もういいかげん目を醒まさなければならない。現在とは、行ないうる行動を意味する。たとえ、作用に対して反応するだけの行動だとしても、その行動を起こす根となる作用が張りめぐらされているという点が、過去との現在のちがいだろう。からだで感じられるこの現に働いている実在と、もはや働いていない実在との区別を、真剣に受け止めないと、知覚と記憶のちがいをただ強弱のちがいぐらいにしか考えなくなって、知覚を、記憶同様、主観的な映像だとしてしまい、もともと知覚が基底とする客観性を見落とすことになってしまう。

知覚に主観的な性格を付与しているのは記憶である。もちろん、ぼくには机が原子の集合には見えず、机として見える。こう見える時点で、知覚もまた主観的だと思われるかもしれない。けれど、ぼくの身体の客観的構造と、この構造に関係するかぎりでの外的事物との、作用と反応の関係によって、ぼくは机を、原子の集合でなくひとかたまりの物体だと知覚しているのである。これは主観的とはいわないほうがいいだろう。知覚が、決定的に主観的になりうるのは、やはり記憶の介入による。それは、記憶が実在をゆがめてしまうという意味ではない。人間の身体の構造に合わせて、あるいは人間の行動パターンに合わせて、空間的にも時間的にも部分的に抜き出された実在が知覚であり、それがぼくたちにとっての外的事物だが、このいわば断片的な実在に、復元した姿を与えるものがあるとしたら、記憶がもつ主観的な力しかないと思うのである。

だいたい、主観とはなんなのだろう。記憶は脳をあふれている、というベルクソンのことばをここでも思い出しておこう。記憶はぼくの経験した過去の存続であり、現在でなくなった実在である。実在なのである。ただし、ぼくのからだに物理的な影響をおよぼしおえた存在なのであり、物理的には無力となった実在であり、それが、記憶は現在ではないという意味なのである。したがって、これを、身体との物理的関係によってとらえることはできない。いまそこにある花瓶だったら、手を伸ばせば触れられるけれど、現在でない過去の花瓶へは、手の伸ばしようがない。外から知りようがないのである。過去は内側から知るよりほかない。その物体自身において、内側から知る以外にないのである。これが、主観的だといわれている知りかたの正体である。

だとしたら、主観的なものを取り除くことになんの意味があるだろうか。記憶の厚みを背負った存在から、薄く現在だけを引き剝がし、純粋に物理的数学的な瞬間という客観的な存在を取り出しえたとして、では、この人為的加工をどう考えたらいいのだろうか。

時間の厚みをもたずに存在しているものなどない。存在すればかならず時間の厚みを背負わざるをえず、そもそも存在するとは、時間という厚みを生むことでなくてなんだろう。瞬間によって存在を説明しようとしたデカルトは、毎瞬間、存在は新たに創造しなおされているのでなければならないと考えたが、そう考えなければならなかったのも、存在するとは時間を生むこととひとつであるからであって、これはけっして奇妙な考えかたではない。この中世風のアイデアは、じつはきわめて現代的な思考であり、素粒子物理学の最先端の現場において、ひじょうにアクチュアルなものとして受けとめられるのではないかとぼくは想像している。ベルクソンが、時計で計る時間のかわりに、ものの存続すなわち「持続」をとらえたのは、ほんとうに深く見事だったといわなくてはならない。

もし、記憶を完全に取り除いてしまえたなら、ということは、もし、過去などが存在していなかったなら、ということだが、もしもそうだったとしたら、この世は数学的な瞬間である。数学的な瞬間なのだから、まったく持続しない。持続しないとは、時間的に存在しないとは、そもそも存在しないということである。ぼくたちがそこまで考えることなく瞬間的な世界を想像できてしまうのは、じつは、記憶を取り除くどころか、記憶をフルに用いて、ある厚みをもつ持続の全時間を、瞬間へと濃縮しているからで、じっさいは、ぼくたちはけっして時間のなかから厚みゼロの瞬間を切り出したりしていない。

「精神のもっとも基本的な働きは、持続している事物の瞬間をつぎつぎにむすぶことである」(四三五頁)。むすばずにいないのである。こんなふうに考えるひとがいるかもしれない。生き物であるぼくたちは、数学的瞬間をとらえるという精密機械のようなまねができずに、多少持続の厚さを残したままの、自分には瞬間だと感じられるものですませている、と。しかし、そうではないとベルクソンはいうのである。自分では一瞬だと思う時間のなかに、現在とともに過去が、遠い過去でなくごく近いものとはいえ過去が、含まれている。過去なのに消えず、現在とならんで。これは明らかに記憶力のしわざではないか。

瞬間と呼ばれているものには、すでにわたしたちの記憶の働きが、したがって意識の働きがはいっており、この働きが、わずかな時間に含まれる無限に分割可能な多くの瞬間を、相互に浸入させ合い、これを、より単純な直観のうちにとらえているのである。(一三六―一三七頁)

すなわち、記憶の働きが、ここで莫大な数の振動を濃縮し、継起的であるはずのこれらが、わたしたちには一瞬に見えるのである。(一三八頁)

もし、完全なる客観的存在があるとしたら、それは物が解体されて、多数の継起的振動になったものをいうことになるだろう。それこそ物質と呼ぶべき存在だと決めてもいいが、量子力学が明らかにしたように、そういうたんに粒子なのでもたんに波動なのでもない物質は、ぼくたちが日ごろ物質と呼んでいる存在とは、もはやまったく異質である。

そういう、物理学が対象としなければならない客観的な物質は、ぼくが知覚する世界を、空間的に微小なものへと解体した世界である以上に、時間的にも微小なものへと解体した世界だといっていいだろう。まちがいなく、ぼくのからだもその世界にあったのである。その世界のなかへと、ぼくも解体されている。理論的には、このとき、知覚は、存在そのものだろう。つまり、濃縮を解かれたなら、意識は文字どおり意識の外に身をおいていて、実在と触れ合っていた。よって、こういえる。「意識は、自分自身の内部で展開していくひろがりのない知覚を見ているのではない」(四七七頁)。意識はひろがりなのである。

さらにこういえる。たしかに、科学があつかうひろがりと、ぼくたちが意識している性質豊かな存在界とのあいだには、乗り越えがたいちがいがあるように思える。科学があつかう運動は、計算可能な等質的運動であって、これは、ぼくが見ている世界とはむすびつけづらい。科学的に厳密に考えようとすれば、点粒子の運動をモデルとしなければならない。どうしても、外界のひろがりのなかに存在する、たとえば原子のような多くの独立した要素があって、運動というものはこれら要素がなし、これら要素にたまたま付随するものと見なすことになる。原子がまずあるのであり、さきに運動があるとはいわない、ということになる。しかし、一個一個独立した物体である原子というアイデアは、空間に働きかけて対象を切り取るぼくたちの身体の都合だけに関係する、ひとつの考えかたにすぎない。

まず運動がある。物理学も、二〇世紀になって、粒子があってそれが運動する、という考えかたをしりぞけたことは、よく知られている。空間を原子に分割するという思想のもととなっていたのは、思うに、理論的なものではない。実践的なものである。変化し、ひろがるこの世界で、ぼくたちはこの流動するひろがりを、身体の構造に合わせて、行動の必要のために、各物体へと切り分けられる抽象的な空間として凝固させて意識してきた。だが、理論的に見てみるのならば、ベルクソンが偉大な物理学者ファラデーの表現を用いて、「各原子は、《重力のおよぶ空間全体》を占めていて、《すべての原子が、相互に深く浸透し合っている》」(三九五頁)と書いているとおりなのである。ぼくのからだも、もともと、あらゆる物体のあらゆる場所からの作用との関係のなかへと溶け入っていたといっていい。そのとき、知覚するとは、存在することそのものなのである。

二五　記憶は脳を越えている

そういうことであれば、知覚と記憶のちがいも、対象が存在しているか、すでに対象が存在しない映像にすぎないか、というちがいではなく、対象が現在としての状態で存在しているか、過去としての状態で存在しているか、のちがいでしかない。要するに、ぼくたちの脳を、空間的に越えているか、時間的に越えているか、のちがいでしかない。知覚にしろ記憶にしろ、脳がつくりだした映像ではない。脳を越えている。むしろ脳を一部に含んだ現在の実在のひろがりが知覚であり、また、そういう現在であった過去の存続が記憶である。記憶は脳を越えている。記憶は人為的なわざではない。記憶は、実在なのである。

記憶のなかに、にせの記憶を植えつけてしまうことができる、という話は聞いたことがあるし、じっさい、自分ではほんとうの過去だと信じて疑ったことのない記憶のなかに、事実でない記憶が混入していないとは断言できない。しかし、たとえば夢は非現実であるけれど、そのとき夢のなかの感情の材料となっている、毛布がからまった足や、からだにつぶされた腕、内臓の調子、血流の変化、閉じたまぶたのなかに見える光や影や血管の色などによる感情は真実である。ただ、脳という論理づけの機械が、睡眠時には、ある意味で暴走していて、与えられた感情に逐一、奇怪なまでに強引な理屈づけをしてしまう。覚醒時に、脳の機能を状況に沿って柔軟に曲げてくれていた精神の努力が、睡眠時には、欠けているから。記憶についても、なにかこれと似た論理づけの暴走が、にせの記憶の原因となっているのではないだろうか。ベルクソンの著作には夢の研究もある。が、ここではそれにぼくの意見を混ぜて、右のようにいうにとどめる。あとはただ、にせの記憶のなかでも、感情そのものはにせものでない、ということだけを強調しておく。感情の解釈は頭によってどうにでもなるが、身体が存在することの証言である感情そのものは変えられない。こういう変えられない実在が、刻々とぼくに与えられていく。

二六　実在の異質性のなす合唱

記憶は実在である。ファラデーの《原子》が示唆していたように、知覚も実在であった。そして、具体的な知覚は、知覚と記憶の生きた総合である。よって、この、一見不可分に見える具体的知覚においては、記憶と総合されたことで必然的に、無数の瞬間が濃縮されていることになる。ここからいえることは、ぼくたちの知覚の内にある感覚的性質と、知覚の外にあるといわれている物理的運動とには、この濃縮の緊張度のちがいがあるだけだ、ということである。ベルクソンは、一歩進んで、運動に注目する。運動は、よくよく考えてみれば、過去を現在に受け継ぐことなのだから、すでに一種の意識であり、一種の感覚である、とベルクソンは見る。逆に、瞬間的と見える感覚の濃縮を無数の瞬間へと解き放てば、それは運動なのである。感覚は、その表面は静かに広がっている。しかし、その奥は振動しているのである。たとえば、ぼくたちが一秒間に見る赤い光の感覚は、4×10^{14}回の振動に分解される。「感覚の客観性は（…）感覚がいわばその繭の内部で行なっている莫大な数の運動からなるにちがいない」（四〇一―四〇二頁）。

同じ対象に対するとしても、ぼくたちにはじつにさまざまな精神的構えが、さまざまに異なる記憶の緊張度がある。すでになんども、ものを知るのにはさまざまな深さの知りかたがある、といってきたが、このさまざまな深さとは、記憶のさまざまな緊張度のことだといわなければならない。いくらでも深まるさまざまな緊張度はまた、実在の奏でうる多様な、たがいに異質なリズムの合唱だろう。これを、ぼくたちはつねに自分の記憶全体の収縮と膨張とでもって行なうのである。実在のどんな潜在的なリズムにも、同時に耳を澄ませてみよう。もしかしたら、こころとは、実在の奏でるこの相容れないほどのさまざまな深さがなすフーガのさまをいうのではないだろうか。

二七　『物質と記憶』という戦い

ベルクソンが一生をかけてしたことは、こころの耳を、観の目を、育て、きたえることだった。『物質と記憶』では、観の目の存在を証明することで、観の目を成り立たせている土台を固めようとした。この土台というのは、ぼくたちは知覚において文字どおり外界に身をおき、対象の実在に接触している、ということである。観の目の存在が証明され、つまり記憶が脳を越えて実在していることが証明されれば、これは脳がイマージュを生み出す道具ではないことを示すことになり、知覚は事物のうちにある、という土台が示される。少し前にも悩んだ問題だが、よく考えると、これでは順序がさかさまではないのか。しかし、土台から順に積み上げていくことで、実在と、それを見るのに応じた観の目を、手に入れるに到る、という道をベルクソンは『物質と記憶』では行かなかった。そういう行きかたは、論理的に動く機械にならぴったりの行きかただが、人間には、努力しうる精神には、つまり観の目を目指す者には適さない。泳げるようになるための練習をするには、まず泳ぐことによるほかない。けっきょく、『物質と記憶』は、ベルクソンがまず観の目をもって立ち上がって行なった戦いのあとなのである。観の目の条件となる土台はこうだった。ぼくたちが見ているこの世界は脳による映像などでなく、実在している世界だということ。これについては『物質と記憶』という労作で論じ切ったと、ベルクソンは考えていたと見ていい。ところで、こういうことがある。この世界が夢幻でないことはわかっても、だからといって、死んでしまえば、この世界があろうがなかろうが関係ない、死んですべてが無になる自分にとってはどうでもいいことだ、この世なんて、ないといっしょなのだ。……そんな、全存在を吹っ飛ばす始末におえない考えが、ぼくたちの頭を横切るのである。

ぼくは、苦境にある親しいひとの口から、ぽろりと、この種のことばがこぼれたとき、この世とともにぼくまでが、このひとからぶつりと切り離された気がした。それは、絶望と、そして対象を見失った怨みとがこもったことばに、ぼくには聞こえた。ぼくは黙って聞くほかなかった。ただただ、悲しかった。この世は実在するが、そしてぼくたちはここに生を享けたが、だからものを深く知るのがよいことだとか、ものを正しく知らなければならないとか、この世に正しく生きなければならないとか、そんなことがどうしていえるのか。いえない。そんな論理を支える土台は、どこにもない。

『物質と記憶』以降、ベルクソンは、生命を考察した。やがて道徳と宗教の源をさぐるに到った。かれの観の目は、戦いつづけていたのだった。観の目を働かせることでしか見いだせない観の目を成り立たせている土台を求めて、『物質と記憶』という戦いは、つづいていたのである。『道徳と宗教の二源泉』は、つぎのようにしめくくられている。

だが、わたしたちがその大いなる道を選ぶのであれ、ささやかな道を選ぶのであれ、ひとつの決断が絶対に必要である。人類はいま、みずからのなしとげた進化の重圧に、なかば打ちひしがれてうめいている。人類は、人類の将来が、ひとえに人類自身にかかっていることをじゅうぶんに自覚していない。まず、わたしたちは確認しなければならない。今後も生きつづけたいのか、それとも、生きつづけたくないのか、と。そうしたらつぎにもうひとつ問わねばならない。ただ生きているというだけでよいのか。それとも、神々を産み出すマシーンというべき宇宙ほんらいの職分が、そのいうことを聞かぬこの地球上においても成就されるために、人類は必要な努力をするつもりがあるのかどうか、と。これを問うのは、ほかならぬわたしたち人類の責任なのである。

小林秀雄はこれをベルクソンの遺言だと見た。こういう、一種身ぶりのある預言者めいた書きかたは、ベルクソンにこれまで絶えて見られなかったが、最後の最後、水滴の落ちた水面のように、それは静かに波立った、と小林はいう。ベルクソンはこれ以降なにも書かなかった。『物質と記憶』という戦いが、ついにここにしめくくられたのである。右の引用は、あたかも、三六年をへて『物質と記憶』にむすびのことばを加えているかのようである。

ベルクソンは最後、なにをいおうとしたのか。この引用だけで知ることは難しいかもしれないが、やはりこういうことだとぼくは思う。土台があるから観の目があるのではない。観の目の駆使が、観の目の立つべき土台をつくるのだ、と。『物質と記憶』にむすびのことばを加えるということは、ベルクソンにとって、哲学を越えたそういうぎりぎりの立場へ踏み出すことなのである。おそらくかれは、そこを手に入れた。そこを踏み固めて土台としうるかどうかが、ついにかれ自身に、そしてそれを読む人間ひとりひとりに、問われているわけである。

おわりに

ここまで書いて、もう書き残したことはないのだけれど、それでも一方では、たったこれだけで終われるはずがない、という思いもしきりなのである。とはいえ、それは、こんな小冊子ではぼくの書きたいことが収まるはずがないなどという意味ではない。その点では、この小ささに、大満足している。

こんなシックな装幀でコンパクトな本を出すことは、あこがれでもあった。はっきりいって、こんなぜいたくな出版は現代では不可能と思い、あきらめていたくらいである。執筆時、もしも将来これを書籍化するという幸運に恵まれたとしても、そのときは、この作品を含んだ大きな本を作ることになるだろうぐらいに、考えていたと思うが、それすらはっきりしない。おぼえているのは、当時『思想』編集長だった互盛央さんに、つぎは『物質と記憶』論を完成させると宣言し、あとはそれを互さんに披露できる日を楽しみにして、発表も出版もまるで頭にないまま原稿用紙に向かいつづけたこと。そのくらいのものである。吉川哲士新編集長のもとでの『思想』掲載時に、担当編集者の西澤昭方さんから書籍化の話が、もしなかったのなら、きっといまごろも、この作品で一巻をなす可能性に気づかぬまま、これを一部分とする大きな本を漠然と想い描きながら、めりはりのないベルクソン論をただ書いていたことだろう。そしてそれは、この作品を漠然とした思考の一部分へ埋め込んで、この作品が作品たりえたところのものを、ぼく自身が見失っていくことにほかならなかっただろう。

鋭く熱心な編集者の助けのおかげで、ぼくがこの一作にこめたもの、あるいはこの一作を書き進めるなかで得てしまった決定的な問いが、ぼくのなかでだんだんぼやけるどころか、時間をかけて強度を増した。そのことが、この作品を一冊の本としてくれている。だからこそ、平淡につぎつぎと作品を書きためていくことが不可能になり、そのかわりに、きっとこの作品に、次作を生み出すための爆発的衝撃をも、もたらしてくれることになるだろう。あたかも、一冊として閉じたはずの本が、そもそも破裂するためにまず閉じられなければならなかったかのように。こんなことを考えていくと、やはり、その点ベルクソンはどうだったかに帰らざるをえない。『物質と記憶』という思索が、『物質と記憶』と題された書物とともに締め括られるかに見えて、そのじつ、その後三六年間の探究を要したというのは、今後のぼくにとっても、大きな道しるべとなりうる。

ぼくの『観の目』という書物はここに終わるが、観の目を働かせるのはいよいよこれからである。大いなる生活が待っている。それはまた、これまで以上に、生きるのが困難な生活になるにちがいない。観の目とは、この世にあっては、あえて困難な歩みを歩いてみる精神のスタンスといっていい。しかし、だからといって、なにかぼくたちからかけはなれた高度な哲学を背負い込むという困難を引き受ける必要などない。そういうものはぼくたちの武器ではない。たとえば、ほとんどすべての十代半ばの不安定なこころたちの特権といっていいが、それまでの世界がひっくりかえって、芯から孤独を味わわずにいられないほどにこころの深部が揺り動かされる経験が、いかなる大哲学者にも、あったはずで、生きるためのヒントがあるとしたならば、こちらのほうなのである。

社会のしくみのまま、規則のまま、通念のまま生きることが、わけもなく馬鹿馬鹿しく見えてしまって、多かれ少なかれ抵抗を試みたことは、だれにだってある。ほんのかわいい抵抗だったかもしれない。それでも、たしかに、なにやらある種の感動の深さが、日常生活とともにあった意識を、とにもかくにも破綻させてしまっていた。この本質的に反社会的な、ゆえに真に鋭く社会的な体験を、ぼくたちはみんなひとりひとり通過して背負っている。ぼくなどは、こういう本質的な破れが、かたくしまいこまれていたほうである。けれども、すべてが異様に見えてくる経験はしている。すべてが異様になった。とりわけ、ぼくのばあい、それまであたりまえでいたことがあたりまえでなくなってしまった自分が自分で異様でならなかった。病気でいう自覚症状があったということなのだろうと思っている。

ベルクソンは失語症という困難に着目した。外界と記憶との接合点に異常が起きることによって発症する、外界が正常にとらえられなくなる病だった。気をつけなければならないことがある。それは、そのさい、外界自体に異常が起きたわけでないのと同様に、記憶自体も、壊れたり失われたりしたのではない、という事実だった。たんに、両者の接合点の形成がうまく行っていないだけである。ベルクソンは失語症の分析によって、記憶自体が脳を越えて存在していることを証明した。記憶をたくわえる器官などなかった。記憶世界には、記憶世界での知覚を行なう目、いいかえれば、現在の世界での肉眼の働きと合成させるために、記憶世界を拡大収縮してやむことのない観の目が存在していなければならなかった。病気という困難は、正常なぼくたちの生活の正体を明かしてくれたのである。

さて、病といっていいかどうかわからないが、十代半ばの危機は、ぼくたちにとって、ベルクソンにとっての失語症研究と同じ光となってくれないだろうか。この危機は、人類ひとりひとりに課せられた永遠の課題といっていいくらいである。身体に変化が現われ、それまでとは異なるおだやかでない成長が起きてくる。身体と精神とのむすびつきががたついてしまうことになる。外的知覚と内的知覚がずれて、行き場を見失った内的存在は出口を求めて日常を決壊させるかもしれない。日常が異様なものに見えるときは、なによりも、こころをどうしていいやらわからなくなったときと同時だろう。これを整えるために、ほんとうは観の目がいる。だとしたら、観の目が存在しなければならないことが、ここでも証明されるはずなのである。

あとは、だれもが有するはずのこの観の目にみずから気づき、めいめいがそれを磨くこと、それだけである。ぼくたちが危機をくぐりぬけ成熟に成功するかしないかは、ただ自分だけのこの武器をみずからつかんで、機能させるに到れるかどうかにかかっている。

が、それに失敗していくひとがなんと多いことか。しかし、これもいつわらざる人間の姿といえる。そういうひとは、見の目を働かせることに終始している。もっというと、見の目が働くままにすべてを任せ切っている。自分にはまるで危機的時期などなかったかのようで、すっかり内的世界を封印し、あるいは忘れ去り、表面的になんでもたくみにやりすごし、そうすればするほど人生がわかった気になっている。ついついぼくはそうやって日々を送っている。ぼくたちおとなは、夢のようなことをいって社会と衝突している少年に対し、まだまだ青いと皮肉るものである。まだまだ経験が足りないというわけだけれど、経験の本質についていうなら、少年はまさに痛いほどに経験のまっただなかにいると見るべきではないのか。

もうぼくたちは、そんな危機など省いてしまって生きている。慣れというのは恐ろしい。どんどん経験は希薄になっていく。本能だとか習慣だとか論理だとか、そういう脳や肉体の規則ばかり剝き出しになった生活を送ることになるだろう。経験に沿うしなやかさが年々消失していき、やがて傍目にも苦痛な生活がくりかえされるだけになるだろう。けれども、これに苦悩し、ひそかに、からだを嘆き呪うとしたらどうか。まるで思春期にいるかのように。ほんとうはこの苦しみそのものが、豊かな経験の再開をかたちづくっているのかもしれない。おかしな規則、ぎこちない動きと、こころとの差異にしか、経験はない。出発点はここである。経験を封印して、なかったことにするか。経験に耐え、観の目を開くこととなるか。成熟はやさしくない。

ベルクソンは、最晩年の著書『思考と動き』の冒頭でふりかえっているように、哲学という、現実の細部の寸法に合わない異様な思考に不満をもっていた。おそらくリセの生徒だったときからそうだった。案外、ベルクソンの仕事は、少年期の危機的経験を純化し、慎重に持続する試みだったのではないだろうか。社会人になるとは、いつの時代も、悩みごとを考え込んだり、こころから感じ入ったりすることをよして、能率的に物事の表面を生きていけるようになることである。これに対して、ほんとうにものを知ろうと努力する精神は、ものを物質的に固定化し機械化することで既知とする世の中の習慣的思考に対して、違和感を覚えずにいない。

論理も習慣も癖も欲動も、自分のすべてではないのである。ほんとうは、そこからあふれるようにして思考はある。精神のこういう一種エキセントリックな存在のしかたに対して、社会という共有の場を求めるおとなは、それを戒めるために笑う。いいだろう。社会的な白分は、孤独な自分に違和感を覚えて笑えばいい。でも、孤独な自分は、社会に対する違和感をどうすればいいのか。

ぼくたちは、原理的に違和感を奥底にかかえて生きている。この違和感が、まさにぼくたちが生きている真の意味だと思う。なんのために生きているのか、そう問う若者に、そう問うわがこころに、答えることは難しい。そして、観の目を磨くことは、ますます人生に対する違和感を研ぎ澄ましていくことであるかのようである。この違和感が経験の核であり人生の意味だといったところで、苦でできたようなそんな人生なんかに生きる意味があるのかと問われたら、どうしよう。時間とはなにか。人生とはなにか。おそらく、観の目はそれを観て、黙している。意味となる以前のそれに立ち会っているからである。それは無意味なのではない。それは、人生訓めいた取ってつけたような意味を、ぱちっぱちっと火花のごとくはじく。1足す1は2の論理さえはじきとばすことだろう。

でも、もうこれ以上は、新しく本を書くことを要する。いまは、じっと見つめる観の目の成長は、人生「観」の形成と絶対ひとつである、と書き添えて、この本を締め括りたい。

二〇一七年十月

渡仲幸利

【初 出】

「観の目」とぼく：書き下ろし

『物質と記憶』とぼく：書き下ろし

観の目：『思想』二〇一五年第六号、第七号、第九号掲載の「観の目——ベルクソン『物質と記憶』について」をもとに改稿。

渡仲幸利
1964年，静岡県生まれ．慶應義塾大学文学部卒業(フランス文学専攻)．ベルクソン研究・音楽評論．著書に『グレン・グールドといっしょにシェーンベルクを聴こう』(春秋社，2001年)，『新しいデカルト』(春秋社，2006年)．

観の目 ベルクソン『物質と記憶』をめぐるエッセイ

2017年12月13日 第1刷発行

著 者 渡仲幸利《となかゆきとし》

発行者 岡本 厚

発行所 株式会社 岩波書店
〒101-8002 東京都千代田区一ツ橋2-5-5
電話案内 03-5210-4000
http://www.iwanami.co.jp/

印刷・法令印刷 カバー・半七印刷 製本・松岳社

ISBN 978-4-00-061239-5 Printed in Japan